Helga König

Trachtenmode und Alpenchic

Stocker

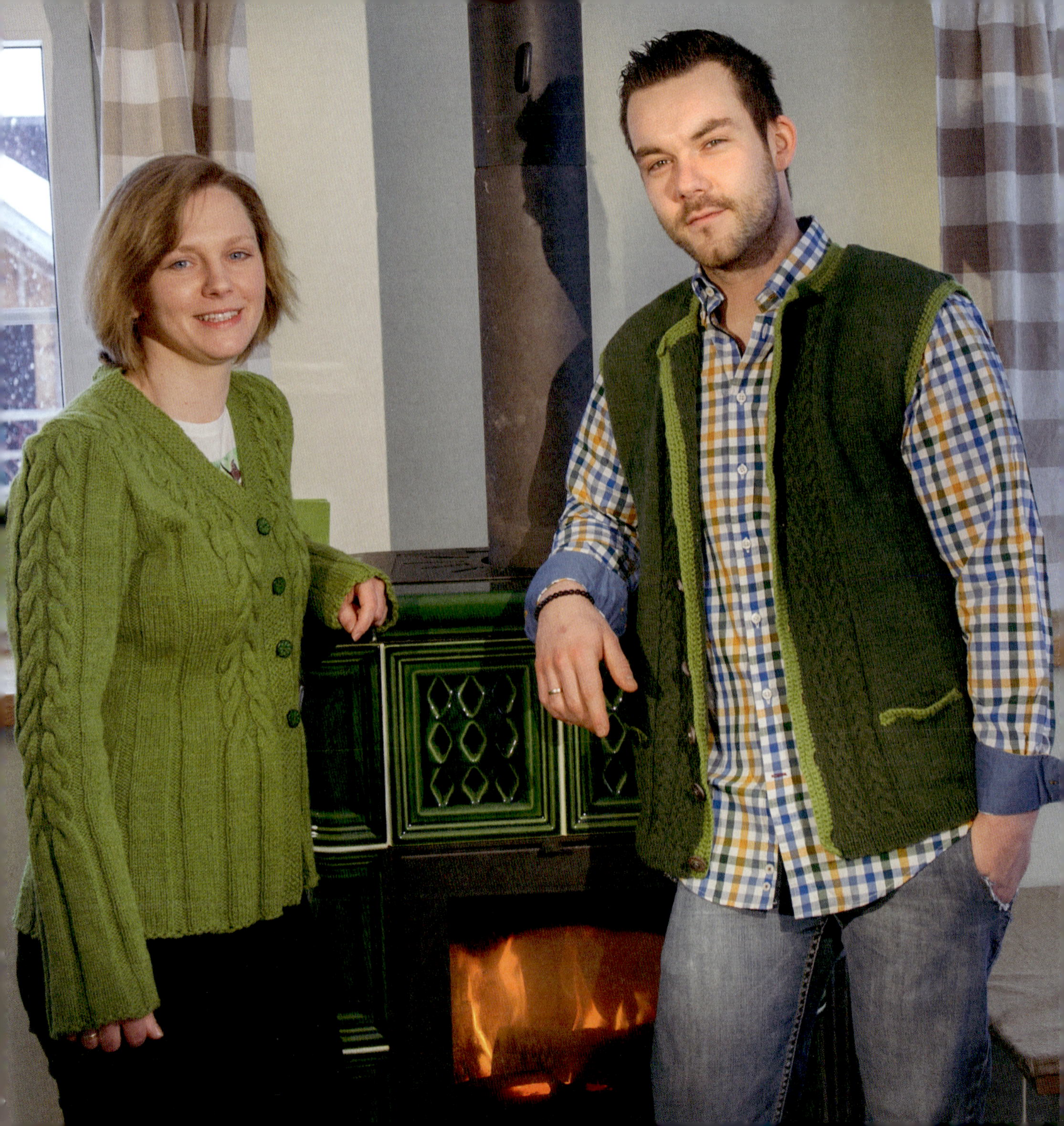

Helga König

Trachtenmode & Alpenchic

stricken & häkeln

Leopold Stocker Verlag
Graz –Stuttgart

Umschlaggestaltung: DSR – Werbeagentur Rypka, A-8143-Dobl/Graz
Titelbild: Ralf Tornow, Digi-Art, Bad Aussee
Bildnachweis: Ralf Tornow, Digi-Art, Bad Aussee: S. 5, 7, 9 o., 11 o., 12 ff., 23 ff., 26 o., 27, 29 ff., 35 o., 36 f., 37 o., 38 ff., 45, 56
Alle anderen Abbildungen stammen dankenswerterweise von der Autorin.

Bibliographische Information der Deutschen Nationalbibliothek
Die Deutsche Nationalbibliothek verzeichnet diese Publikation in der Deutschen Nationalbibliographie; detaillierte bibliographische Daten sind im Internet über http://dnb.d-nb.de abrufbar.

Hinweis:
Dieses Buch wurde auf chlorfrei gebleichtem Papier gedruckt. Die zum Schutz vor Verschmutzung verwendete Einschweißfolie ist aus Polyethylen chlor- und schwefelfrei hergestellt. Diese umweltfreundliche Folie verhält sich grundwasserneutral, ist voll recyclingfähig und verbrennt in Müllverbrennungsanlagen völlig ungiftig.

Auf Wunsch senden wir Ihnen gerne kostenlos unser Verlagsverzeichnis zu:
Leopold Stocker Verlag GmbH
Hofgasse 5 / Postfach 438
A-8011 Graz
Tel.: +43 (0)316/82 16 36
Fax: +43 (0)316/83 56 12
E-Mail: stocker-verlag@stocker-verlag.com
www.stocker-verlag.com

ISBN 978-3-7020-1529-9

Layout & Repro: DSR – Werbeagentur Rypka, A-8143-Dobl/Graz
Druck: Druckerei Theiss GmbH, 9431 St. Stefan

Inhaltsverzeichnis

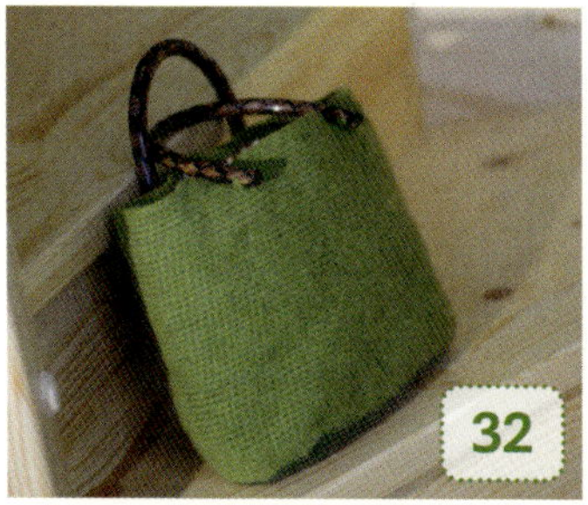
32

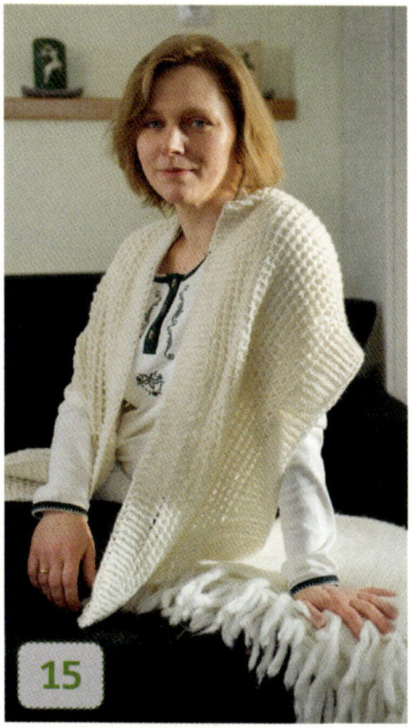
15

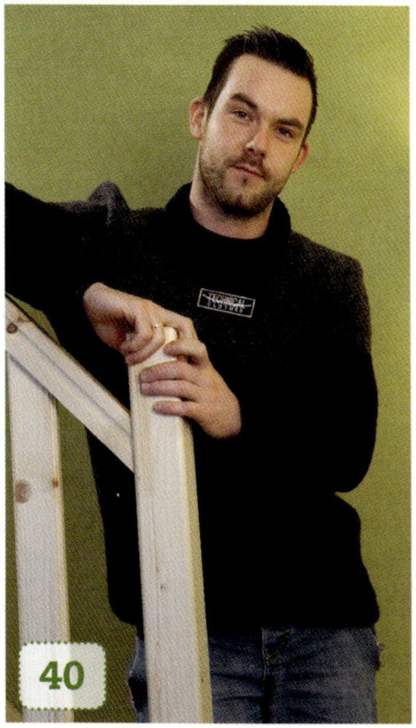
40

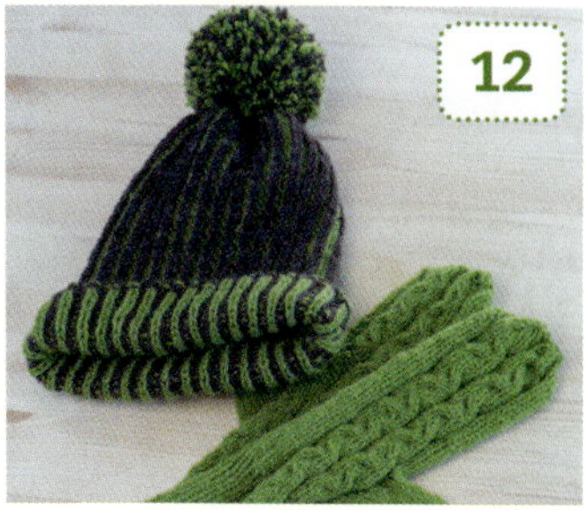
12

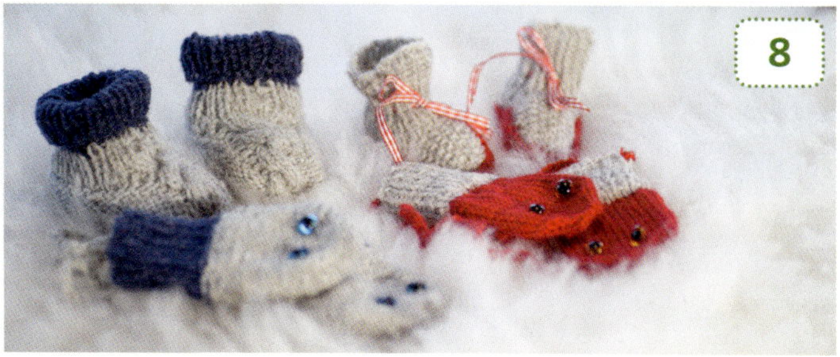
8

Vorwort

Seit ich in den 1980iger-Jahren in eine kleine Landwirtschaft mit Schafzucht eingeheiratet habe, beschäftigt mich das Thema Schafwolle immer wieder. Damals war die „Hoch-Zeit“ der Kunstfaser in der Kleidung und nur wenige Konsumenten verstanden die Vorzüge der echten Naturfaser Schafwolle. Mittlerweile hat allerdings ein Umdenken stattgefunden und es hat sich eine große Anhängerschar für die unbehandelte Schafwolle gebildet, sodass ich diesem wunderbaren Material ein ganzes Buch widmen möchte.

In meinem Handarbeitsgeschäft wird mir immer wieder die Frage gestellt, wie man eine Weste oder einen Pullover richtig strickt oder häkelt. Viele Menschen, die handarbeiten, trauen sich oft nicht über diese großen Projekte, sodass ich Ihnen in diesem Buch zeige, wie Sie mithilfe der ausführlichen Schritt-für-Schritt-Anleitung eine – nach Ihren Maßen – gut passende, schöne Weste oder einen Pullover fertigen können.

Ich freue mich, dass ich meine Erfahrungen mit der reinen Schafwolle zusammen mit meinem Wissen im Handarbeitsbereich in diesem Buch an Sie weitergeben darf.

Ein ganz herzliches Dankeschön möchte ich an Herrn Werner Gaitzenauer von der Firma Belousek in Wien richten, der mir die Wolle zur Verfügung gestellt hat und mich bei der Entstehung dieses Buches mit Rat und Tat unterstützt hat.

Ich wünsche Ihnen beim „Austüfteln“ Ihres neuen Projektes viele kreative Stunden!
Ihre Helga König

Die Vorzüge der echten Schafwolle

Würde eines Tages berichtet, dass eine Textilfaser entdeckt worden sei, die unter freiem Himmel oder in einfachen Gebäuden mit geringem Energieverbrauch und ohne gefährliche Abfallprodukte erzeugt werden kann, dazu noch in verschiedenen Feinheiten und Längen, unser Interesse wäre geweckt.

Wäre weiter bekannt, die Faser sei leicht zu veredeln, zu färben und mit anderen Fasern zu mischen, sei giftfrei und hautfreundlich, elastisch, lärmdämmend, wärme- und feuchtigkeitsausgleichend, schmutz- und wasserabstoßend, schwer entflammbar, leicht zu reinigen und fast knitterfrei, wiederverwendbar und hundertprozentig biologisch abbaubar, welchen Namen würden wir dieser Faser geben?

Wahrscheinlich würde man von einer Wunderfaser sprechen!

Kerstin Gustafsson und Alan Waller, schwedische Wollspezialisten

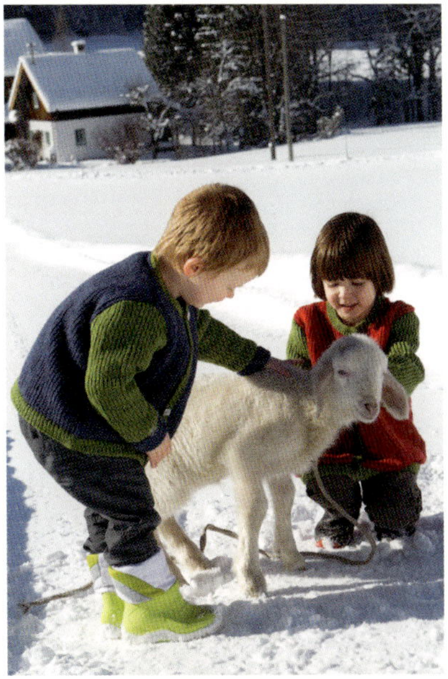

Der Rohstoff Schafwolle bietet viele Vorzüge und ist selbst völlig anspruchslos:

- Aufgrund ihrer Faserstruktur ist die Schafwolle temperaturausgleichend, schützt gleichermaßen vor Kälte und Hitze und sorgt für ein „angenehmes Körperklima“
- Sie ist antistatisch und resistent gegenüber elektrischer Aufladung.
- Das in der Schafwolle enthaltene Lanolin verhindert das Eindringen von Wasser, Schmutz und Geruch in die Faser.
- Die Schafwolle kann bis zu einem Drittel ihres Eigengewichtes an Feuchtigkeit aufnehmen, ohne sich nass anzufühlen.
- Sie ist knitterfrei. Und sollte doch einmal eine Falte entstanden sein, so hängt sich diese von alleine wieder aus.

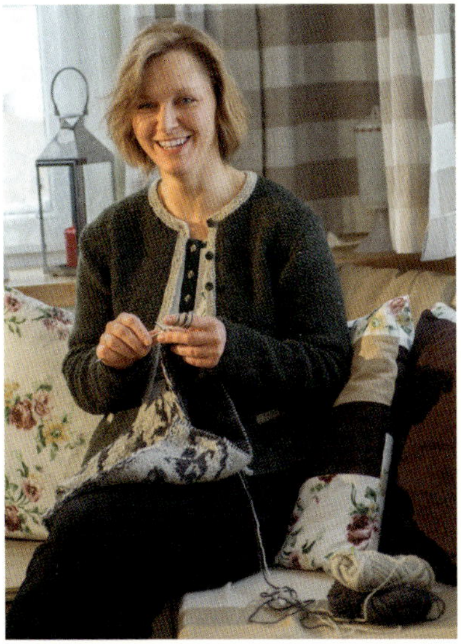

Echte Schafwolle ist im Gegensatz zu vielen anderen Wollprodukten nicht mit „Superwash“ ausgerüstet und hat deshalb noch ihre ursprünglichen Eigenschaften. „Superwash“ bedeutet, dass die Wolle in einem Verfahren so behandelt wird, dass sie filzfrei ist. Dabei werden die Schuppen der Wolle mit Hilfe von Chlor teilweise abgelöst.

Sie werden nicht nur beim Tragen, sondern auch beim Stricken und Häkeln den Unterschied zu anderer Wolle merken, wie der festere Halt beim Arbeiten oder die geringe Menge Lanolin. Lassen Sie sich durch den „etwas raueren Griff“ der Schafwolle nicht abschrecken, spätestens beim Tragekomfort werden Sie den Unterschied merken.

Babyfäustlinge und Babyschuhe

Kein anderes Material kann kleine Kinderhände so natürlich warm halten wie reine Schafwolle.

Material
50 g Wolle
Nadelspiel Nr. 3,5
Teddyaugen zum Annähen

Ganz kleine Babyfäustlinge werden ohne Daumen gestrickt.

Babyfäustlinge in Rot-Grau

Schlagen Sie 24 Maschen an und stricken Sie 15 Runden 1 Masche rechts, 1 Masche links für das Bündchen.

Danach stricken Sie in der Farbe des Bündchens 1 Runde rechts. In der nächsten Runde wechseln Sie die Farbe und nehmen verteilt 4 Maschen zu (aus dem Querfaden eine rechte Masche verschränkt herausstricken).

Anschließend 18 Runden bis zur Spitze stricken. Für die Spitze über 5 Runden je 4 Maschen rechts zusammenstricken. Die letzten 8 Maschen zusammenziehen und alle Fäden vernähen.

Verbinden Sie die beiden Fäustlinge mit einer ca. 80 cm langen gehäkelten Schnur aus Luftmaschen.

Für die blau-grauen Fäustlinge stricken Sie nach der 15. Runde alle Maschen links.

Babyschuhe (für 6 Monate) in Grau-Rot

Schlagen Sie 36 Maschen an, verteilen Sie diese gleichmäßig auf 4 Nadeln und stricken Sie 15 Runden 1 Masche rechts, 1 Masche links für das Bündchen. Anschließend stricken Sie für den Rist nur die 9 Maschen der 1. Nadel über 15 Reihen im Perlmuster (1 M rechts, 1 M links, nä. R. versetzt). **(Abb. 1)**

Nehmen Sie aus jeder Randmasche des Ristes eine Masche auf und stricken Sie rundherum 10 Runden linke Maschen. **(Abb. 2+3)**

Für die Sohle stricken Sie nun die Maschen des Ristes weiter immer hin und her und stricken am Ende jeder Reihe die letzte Masche von der Nadel mit einer Masche von der Seitenwand des Schühchens zusammen. **(Abb. 4)**

Die letzten Maschen mit der Nähnadel zusammennähen. **(Abb. 5+6)**

Bei den grau-blauen Babyschuhen ist am Rist ein Zopf gestrickt.

Maßtabelle für Babyfüßchen

Alter in Monaten	0–2	3–4	5–6	7–9	10–12	13–18
Schuhgröße	14	15	16	17	18	19
Fußlänge in cm	8	9	9,5	10	10,5	11
Maschenanschlag	32	34	36	38	40	42

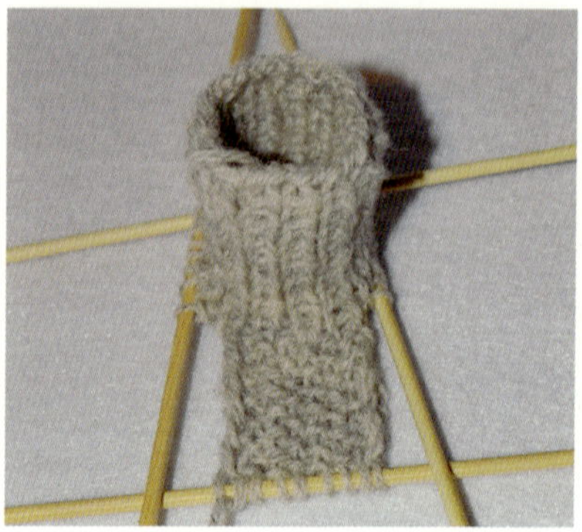

Abb. 1

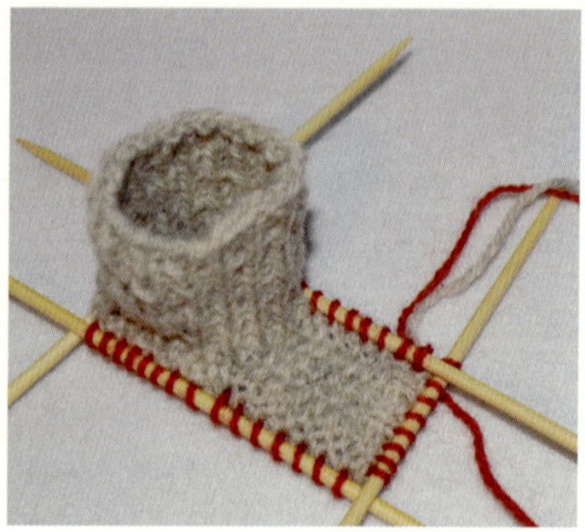

Abb. 2

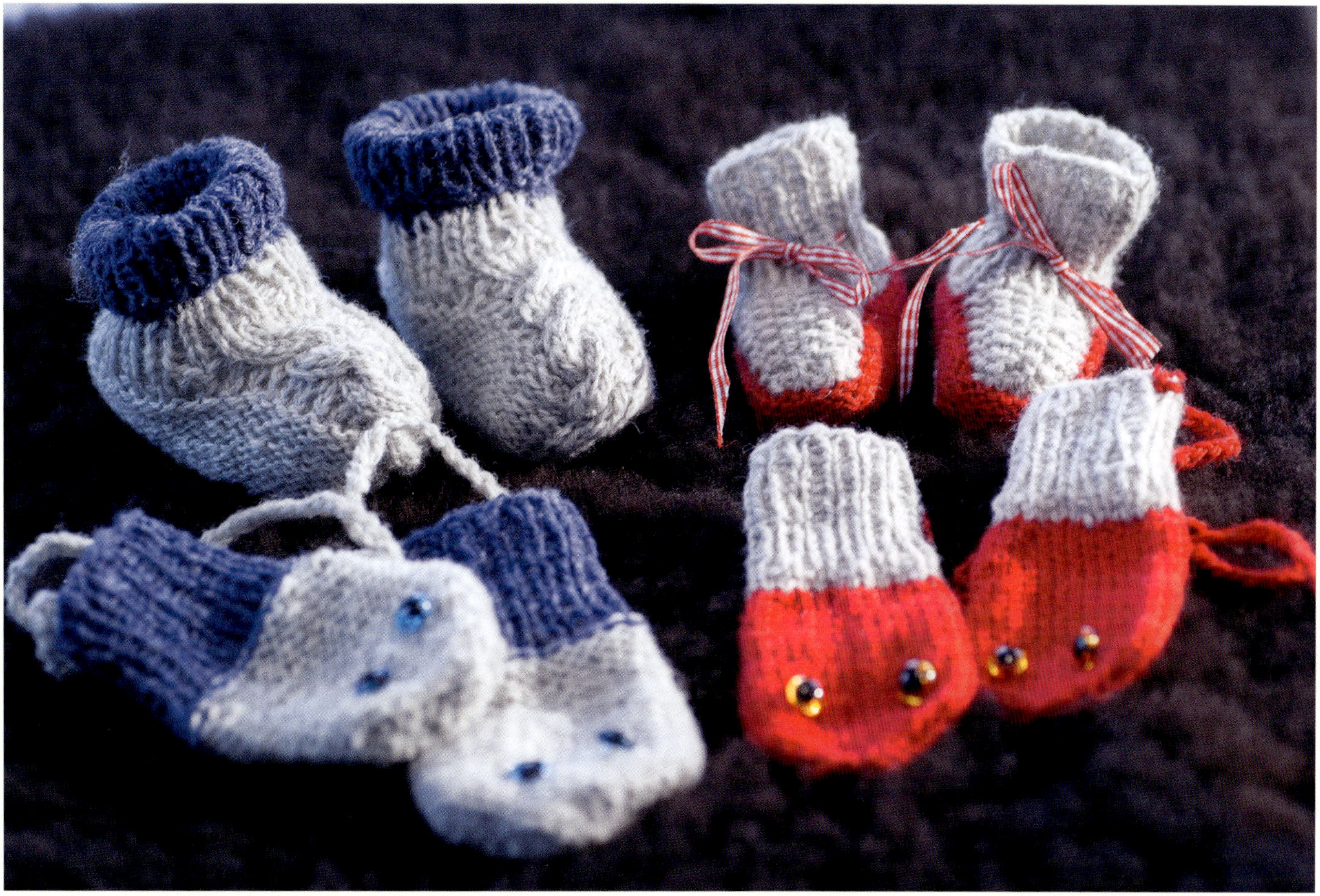

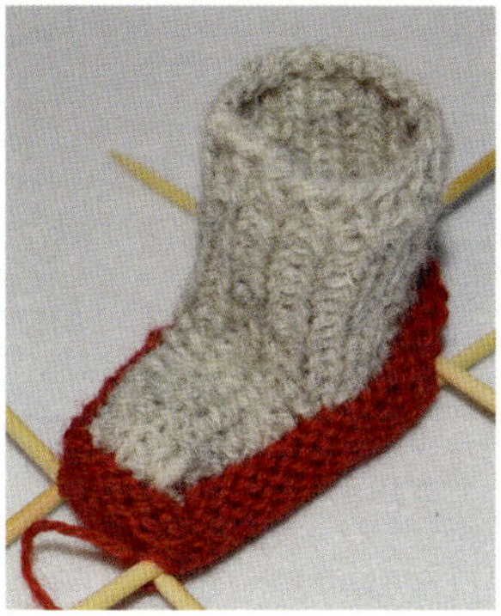

Abb. 3

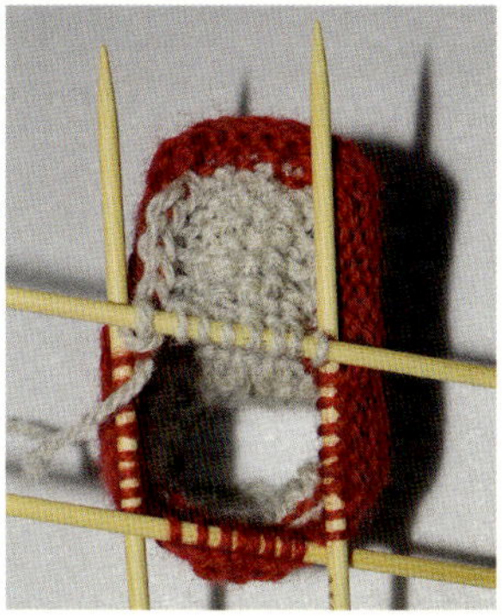

Abb. 4

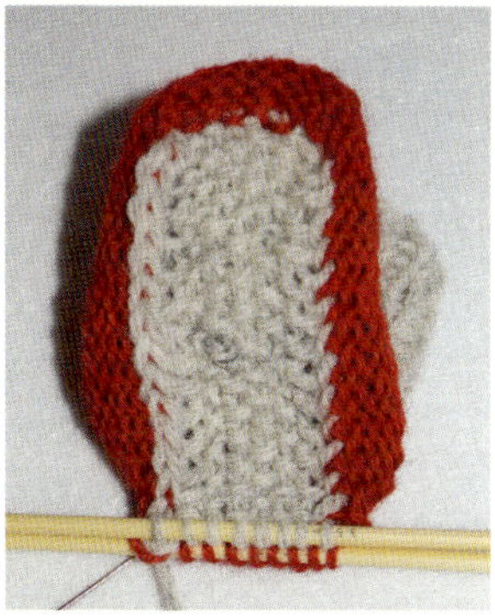

Abb. 5

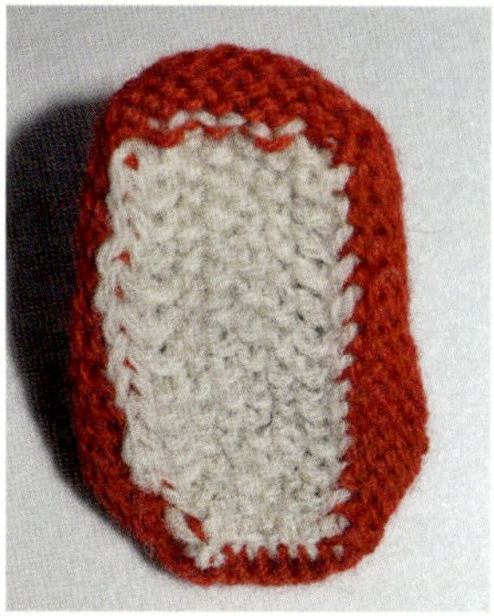

Abb. 6

Fäustlinge & Stirnband im Fair-Isle-Muster

Fäustlinge

Handschuhgröße 6

Da bei einem „Fair-Isle-Muster“ immer mit 2 Fäden gestrickt wird, sind die Fäustlinge „doppelt so dick“ und deshalb auch schön warm.

Material
Wollverbrauch insgesamt: 90 g
Nadelspiel Nr. 3,5

Grundanleitung „Fäustlinge stricken“ auf Seite 42 ff.

48 Maschen anschlagen und zur Runde schließen.

1. Runde: in Hellgrau 2 Maschen rechts, 2 Maschen links stricken.

2. – 5. Runde: 2 Maschen rechts in Hellgrau, 2 Maschen links in Dunkelgrau

6. – 9. Bunde: 2 Maschen rechts in Dunkelgrau, 2 Maschen links in Hellgrau

Runde 2 bis 9 noch 2 x wiederholen (insgesamt 25 Runden).

Nun mit dem Muster laut Musterzeichnung beginnen. In der 2. Runde auch mit dem Daumenkeil, wie auf der Zeichnung Seite 42 gezeigt, beginnen. Die Maschen des Daumenkeils werden nur in Dunkelgrau gestrickt

Die 9 Maschen des Daumenkeils auf eine Sicherheitsnadel geben, 2 Maschen für den Daumensteg dazu anschlagen und 2 Runden im Muster weiterstricken. Nun in dieser und der übernächsten Runde diese 2 Maschen vom Daumensteg wieder zusammenstricken (jetzt sind wieder gleich viele Maschen wie am Anfang auf den Nadeln).

Die Spitze laut Anleitung stricken.

Für den Daumen die 9 Maschen von der Sicherheitsnadel auf eine Stricknadel geben und noch 9 Maschen rund aus dem Daumenloch anschlagen. Die Maschen gleichmäßig auf 3 Nadeln verteilen und 15 Runden glatt rechts hochstricken. Für die Daumenkuppe am Anfang jeder Nadel 2 Maschen rechts zusammenstricken, bis nur mehr 6 Maschen auf den Nadeln sind. Diese Maschen mit einer Nähnadel zusammenziehen.

Zuletzt alle Fäden vernähen.

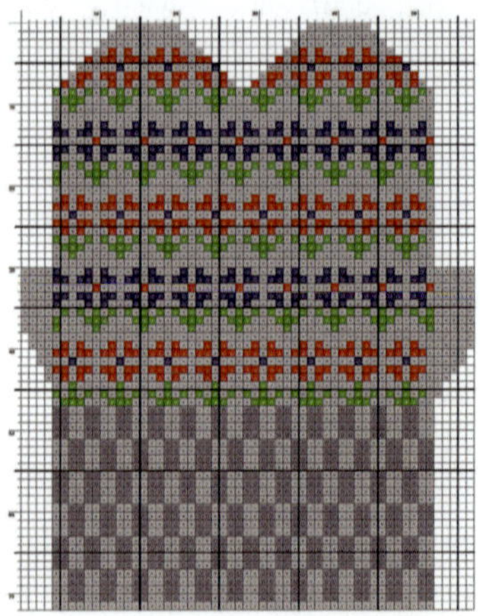

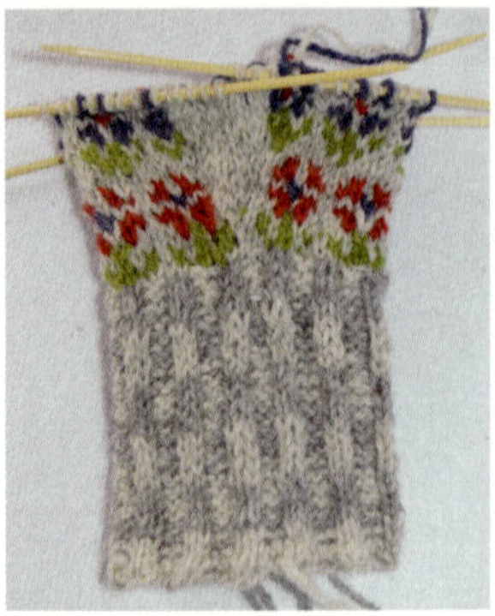

Den Daumenkeil in Grau stricken.

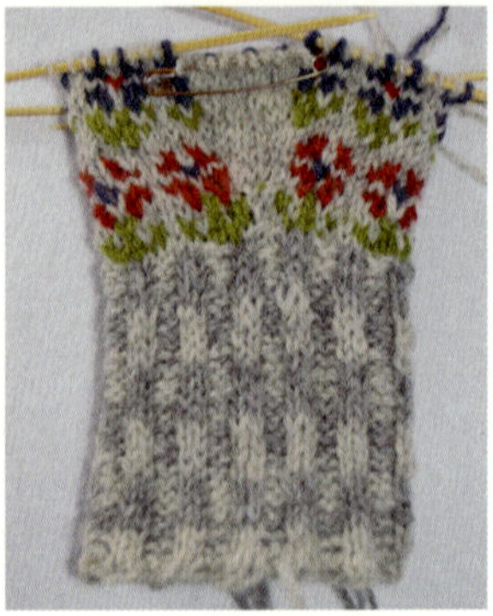

Maschen für den Daumenkeil auf eine Sicherheitsnadel geben.

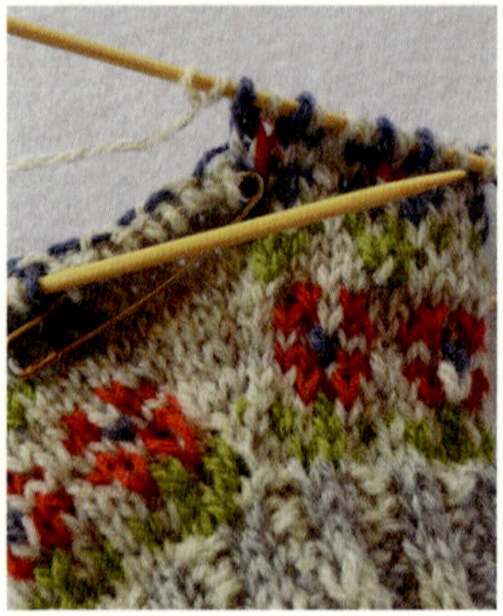

2 Maschen für den Daumensteg dazu anschlagen.

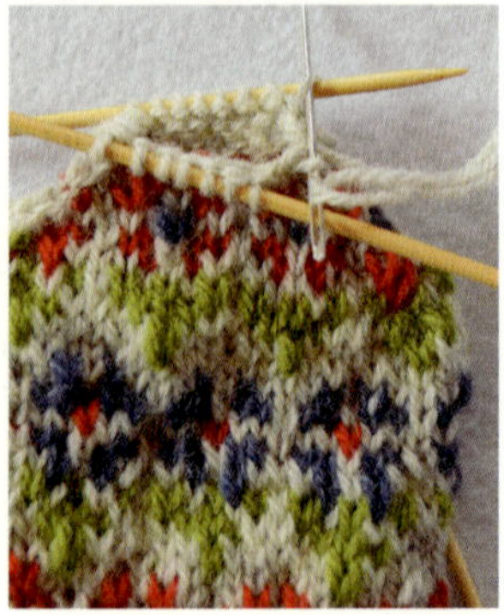

Restliche Maschen der Spitze mit der Nadel zusammennähen.

Stirnband

Kopfumfang 55 cm

Material
40 g Wolle
Nadelspiel oder Rundstricknadel (40 cm lang) Nr. 3,5

Schlagen Sie 54 Maschen an und stricken Sie die 1. – 5. Runde wie bei den Fäustlingen. Danach stricken Sie im Muster weiter und beenden das Stirnband mit den Runden 2–5. Zum Schluss ketten Sie alle Maschen sehr locker ab.

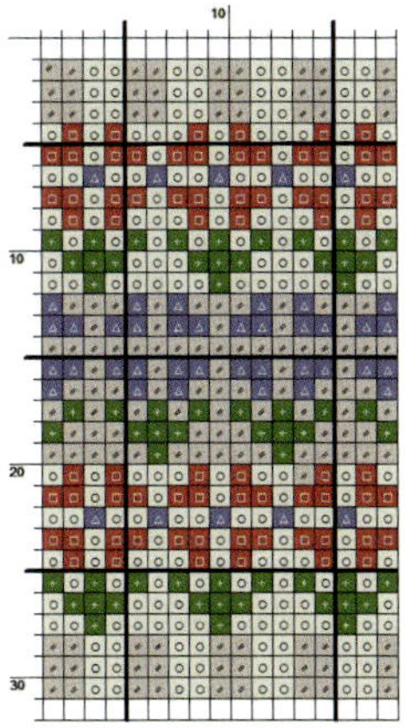

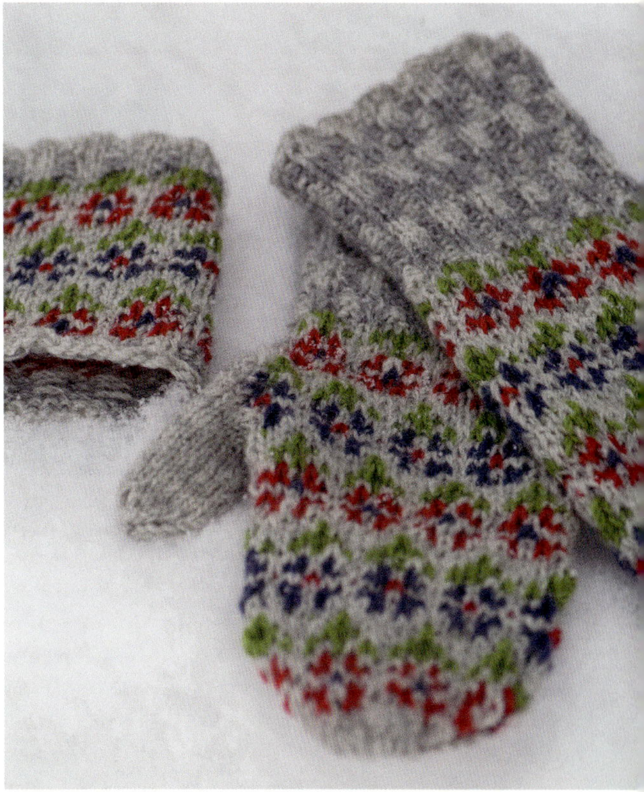

Info

Der Unterschied zum Norweger-Muster ist, dass das Fair-Isle-Muster immer nur mit 2 Fäden bzw. 2 Farben gleichzeitig gestrickt wird. Der Name leitet sich von der gleichnamigen Insel, die zu den Shetlandinseln gehört, ab. Dort werden seit Hunderten von Jahren bis heute mit dieser Technik Pullover gestrickt.

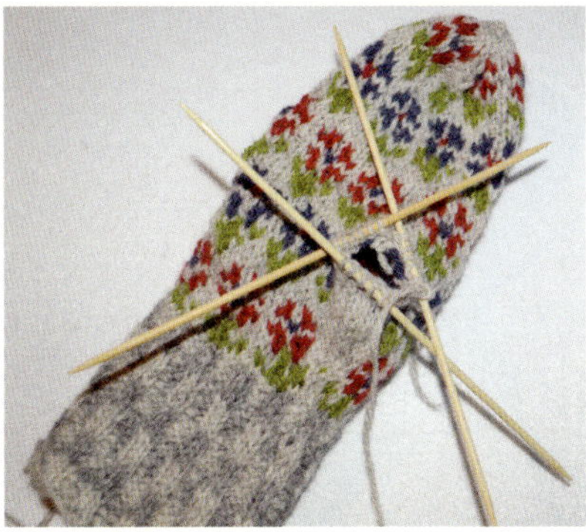

Die Maschen für den Daumen auf 3 Nadeln verteilen.

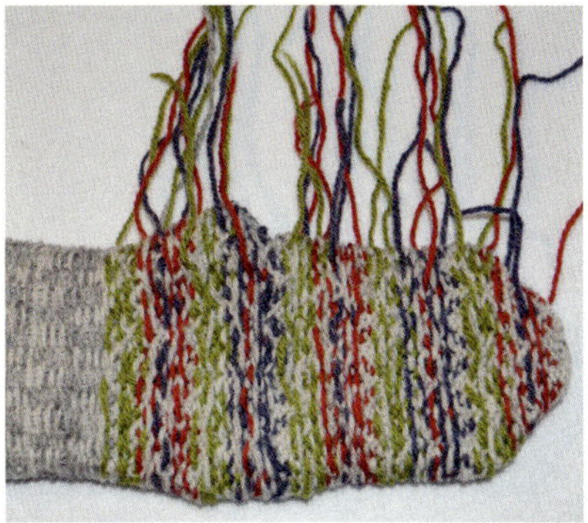

Alle Fäden vernähen.

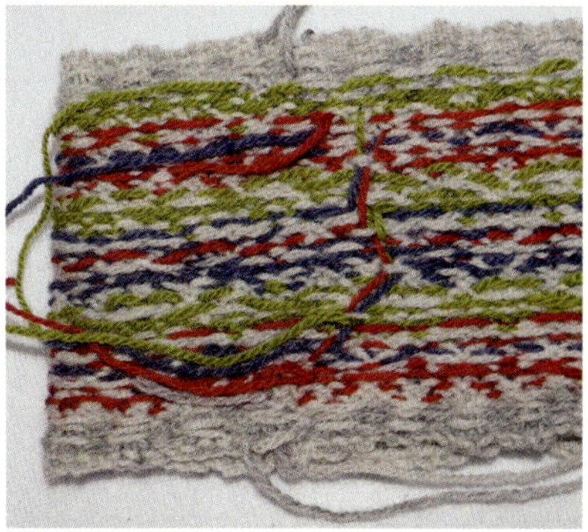

Sie können die Fäden auch weiterlaufen lassen. Dann müssen Sie weniger vernähen.

Mütze im zweifarbigen Patentmuster mit dazupassenden Fäustlingen (für 55 cm Kopfumfang)

Mütze

Material
Je 50 g in Grün und Dunkelblau ohne Pompon
Nadeln Nr. 4 (entweder eine Rundstricknadel, 40 cm lang, oder ein Nadelspiel)

Schlagen Sie 74 Maschen an und stricken Sie im zweifärbigen Patentmuster 27 cm. Mit der Farbe Grün enden. Nun stricken Sie mit Dunkelblau immer eine rechte Masche mit Umschlag und eine linke Masche zusammen.

In den nächsten 2 Runden immer 1 Masche rechts und 2 Maschen rechts zusammenstricken (sollte es sich am Ende der Runde nicht genau mit den Maschen ausgehen, ist das nicht tragisch).

Zum Schluss stricken Sie noch eine Runde immer 2 Maschen zusammen, anschließend den Faden abschneiden und mit einer stumpfen Nadel alle Maschen zusammenziehen. Alle Fäden vernähen.

Einen Pompon machen und diesen mit einer langen, spitzen Nadel gut auf der Haube annähen.

Zweifarbiges Patentmuster

1. Runde in Dunkelblau: 1 Masche rechts, 1 Masche links

2. Runde in Dunkelblau: 1 Masche rechts, 1 Masche wie zum Linksstricken mit Umschlag abheben.

3. Runde in Grün: 1 Masche wie zum Rechtsstricken mit Umschlag abheben (den Faden von vorne nach hinten über die Nadel legen und wie zum Rechtsstricken in die Masche einstechen), 1 Masche links zusammen mit dem Umschlag der vorigen Runde abstricken.

4. Runde in Dunkelblau: 1 Masche zusammen mit dem Umschlag rechts abstricken, 1 Masche wie zum Linksstricken mit dem Umschlag abheben.

Stets die 3. und 4. Runde wiederholen.

Erklärung: Beim Patentmuster wird immer eine Masche abgestrickt und eine Masche abgehoben. Dabei wird der Faden, der eigentlich durch die Masche gezogen wird, auf der Nadel gelassen und mit der Masche einfach auf die rechte Nadel gehoben.

Farblich passende Fäustlinge mit Zopfmuster

Durch das Zopfmuster müssen Sie einige Maschen mehr anschlagen als in der Tabelle, s. S. 45, steht.

Für Gr. 6 sind hier 41 Maschen angeschlagen und folgendermaßen aufgeteilt: Nadel 1: 10 Maschen = 1 M rechts, 3 M links, 6 M rechts (für den Zopf), 1 M links

Nadel 2: 11 Maschen = 1 M links, 6 M rechts (für den Zopf), 3 M links, 1 M rechts, 1 M links

Nadel 3 + 4: je 10 Maschen = 1 M rechts, 1 M links, 9 x wiederholen

In der 8. Runde beginnen Sie mit dem Zopfmuster, welches Sie in jeder 4. Runde wiederholen.

Nach 10 cm Bündchen stricken Sie mit den Nadeln 3 + 4 nur mehr rechts weiter und beginnen mit dem Daumenkeil (siehe Seite 42 ff.). Stricken Sie bis zur Spitze mit den Nadeln 1 + 2 das Zopfmuster weiter.

Die Spitze und den Daumen stricken Sie, wie auf Seite 42 ff. beschrieben, fertig.

Der zweiten Fäustling arbeiten Sie gegengleich.

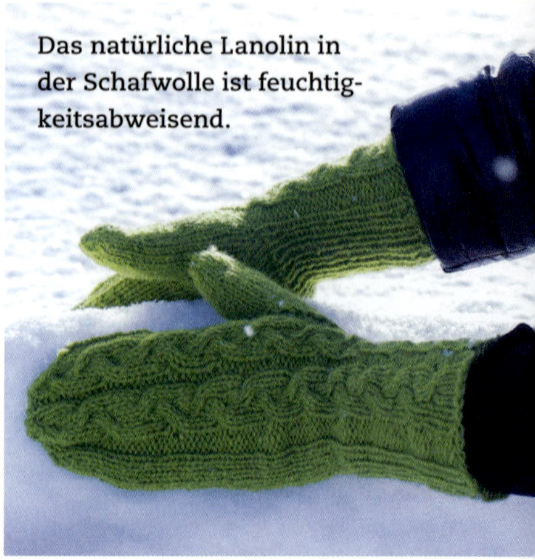

Das natürliche Lanolin in der Schafwolle ist feuchtigkeitsabweisend.

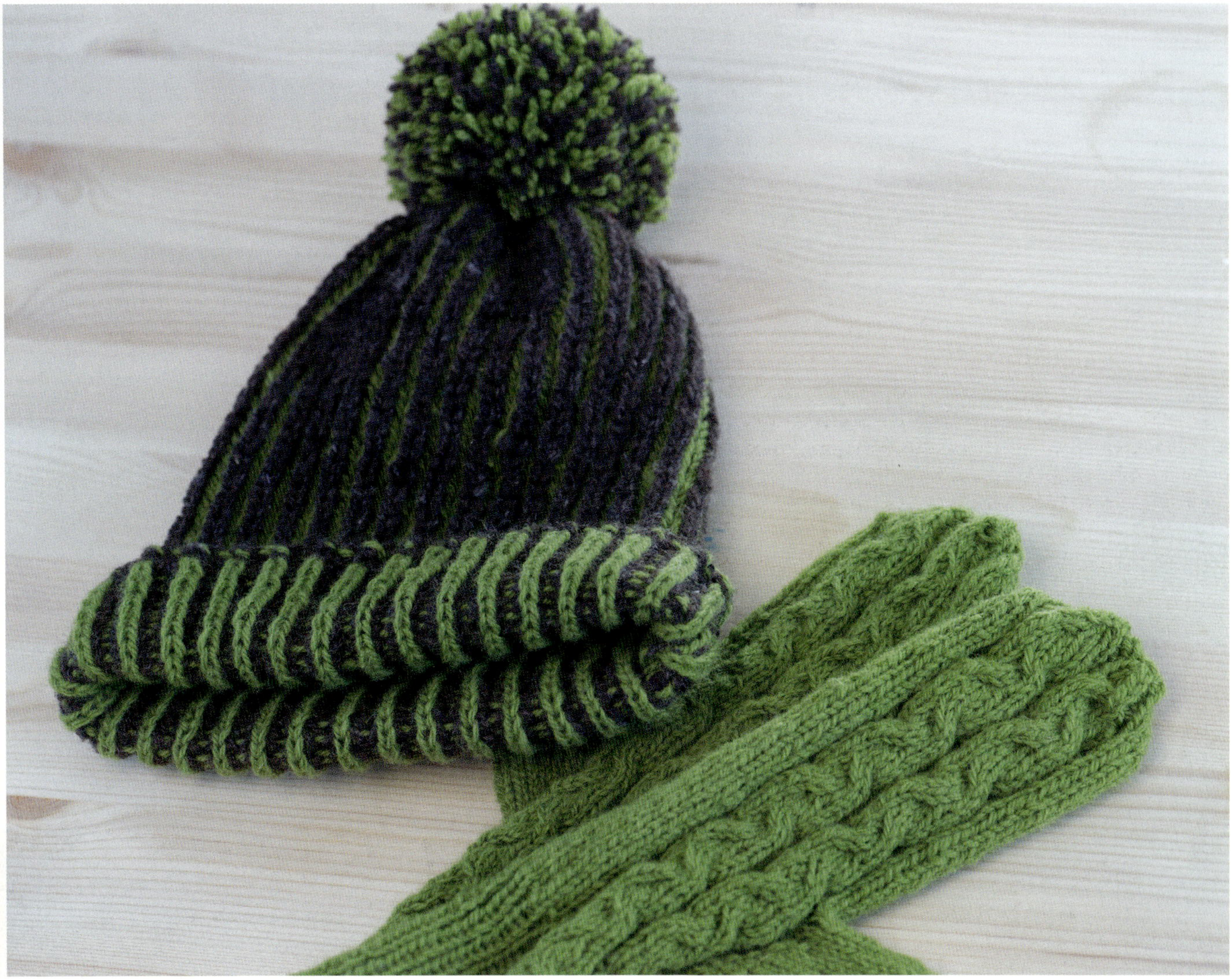

3er-Zopfmuster mit 6 Maschen

1. Zopfen: 2 Maschen auf eine Hilfsnadel geben und vor die Arbeit legen, 2 Maschen rechts abstricken, die 2 Maschen von der Hilfsnadel rechts abstricken, die beiden letzten Maschen rechts abstricken.

3 Runden stricken, wie die Maschen erscheinen.

2. Zopfen: 2 Maschen rechts stricken, 2 Maschen auf eine Hilfsnadel geben und hinter die Arbeit legen, 2 Maschen rechts abstricken, die 2 Maschen von der Hilfsnadel rechts abstricken.

3 Runden stricken, wie die Maschen erscheinen

Diese 8 Runden werden immer wiederholt.

Schalkragen und Rückenwärmer

Material
100 g Wolle
Rundstricknadel Nr. 3,5, 60 cm lang, und Nr. 4,5, 80 cm lang

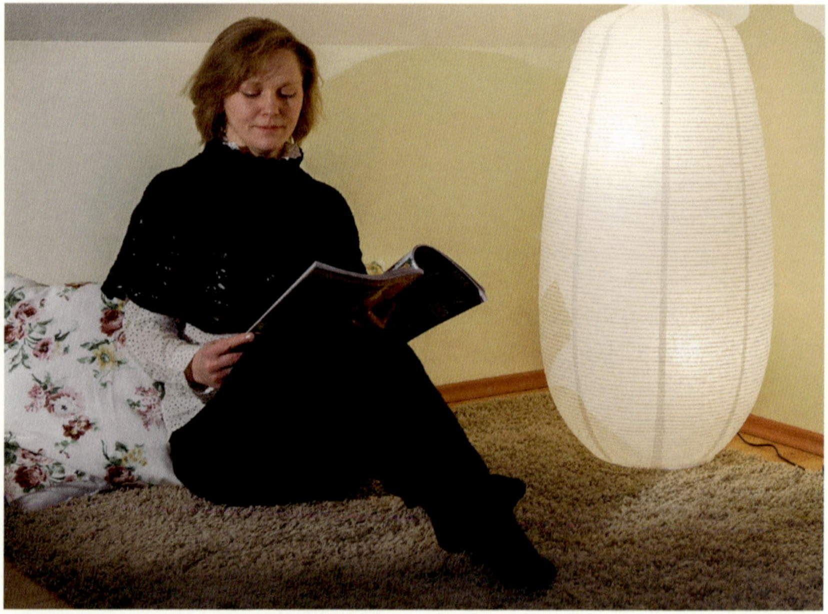

Schlagen Sie 156 Maschen an und stricken mit der Nadel Nr. 3,5.

1. bis 30. Runde: *4 M rechts, 2 M links* noch 25-mal wiederholen.

31. Runde: *4 M rechts, 1 M links, 1 M links herausstricken, 1 M links* noch 25-mal wiederholen.

32. bis 40. Runde: *4 M rechts, 3 M links* noch 25-mal wiederholen

41. Runde: *2 M rechts, 1 M rechts herausstricken, 2 M rechts, 3 M links* noch 25-mal wiederholen.

42. Runde bis 50. Runde: *5 M rechts, 3 M links* noch 25-mal wiederholen.

51. Runde: *3 M rechts, 1 M rechts herausstricken, 2 M rechts, 3 M links* noch 25-mal wiederholen.

52. bis 60. Runde: *6 M rechts, 3 M links* noch 25-mal wiederholen

Sollten Sie kein Muster wünschen, stricken Sie noch 30 Runden 6 M rechts, 3 M links weiter und ketten ganz locker ab. Oder:

61. bis 90. Runde: 13-mal das Muster, wie am Musterrapport gezeigt, stricken. Anschließend ganz locker abketten.

Alle Fäden vernähen

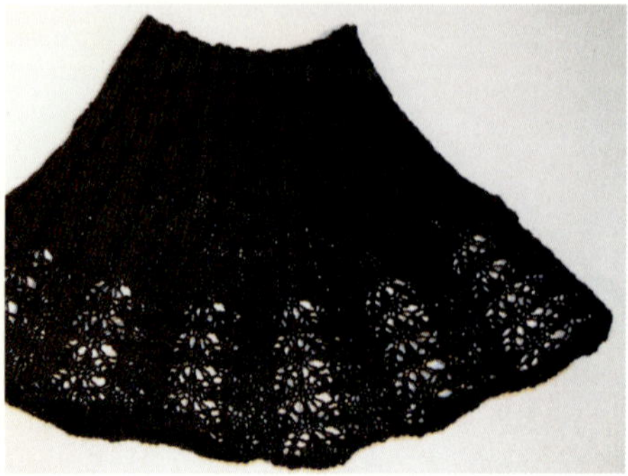

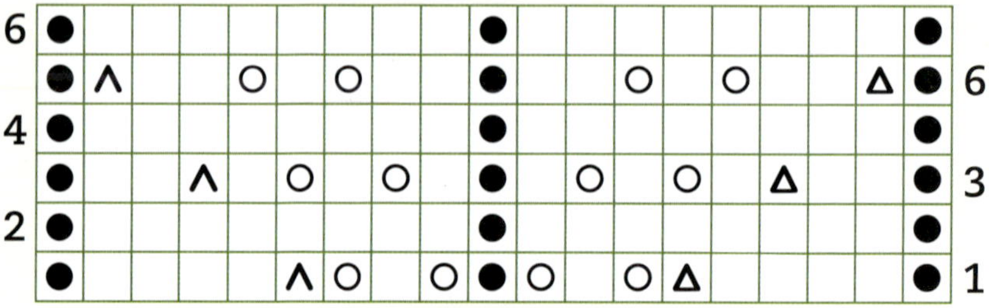

Rapport über 18 M

- □ rechte Masche
- ● linke Masche
- △ 3 Maschen rechts zusammenstricken
- ∧ 3 Maschen links zusammenstricken
- ○ Umschlag

Stola mit Gittermuster

Größe ca. 35 x 170 cm

Material
200 g Wolle
Stricknadeln Nr. 5

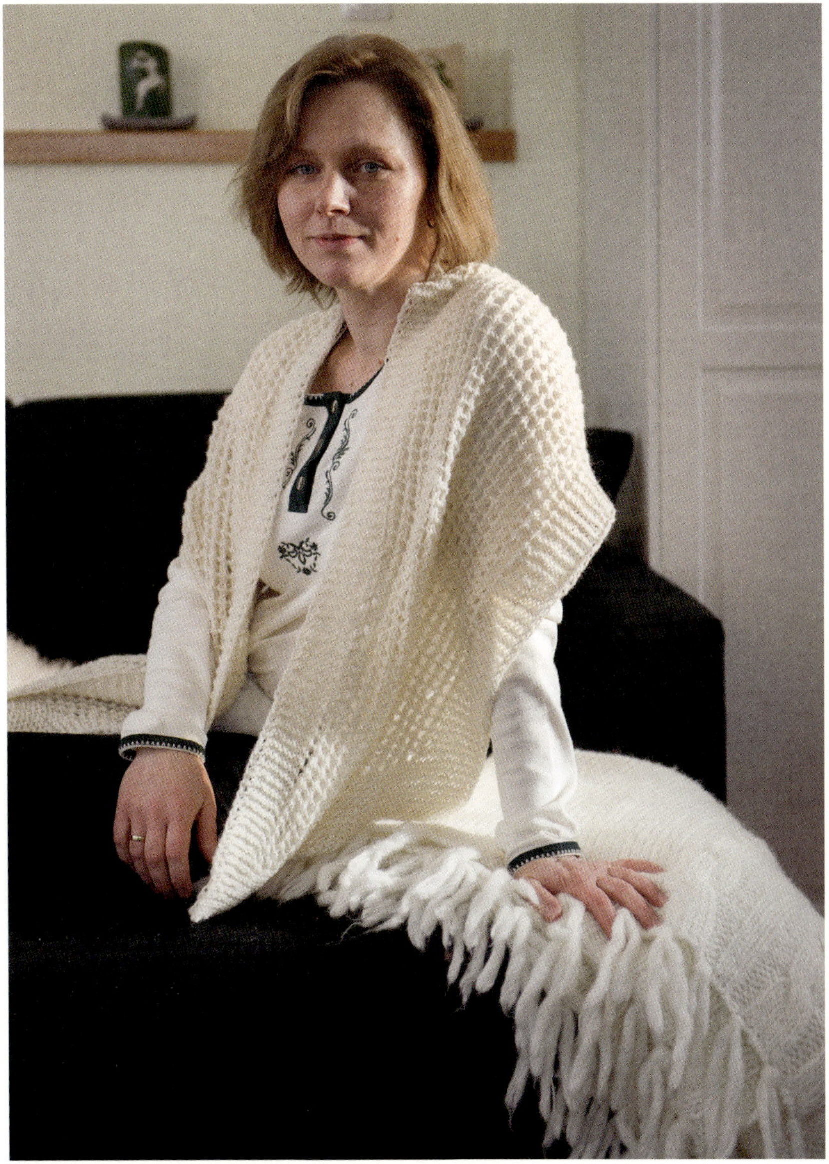

Schlagen Sie 60 Maschen an und stricken Sie 20 Reihen kraus rechts.

Reihe 21: 10 Maschen rechts, *2 Maschen rechts zusammenstricken, 1 Umschlag* so lange wiederholen, bis nur mehr 10 Maschen auf der Nadel sind. Diese 10 Maschen rechts stricken.

Reihe 22: Alle Maschen links stricken.

Wiederholen Sie die Reihe 21 und 22 124-mal. Danach stricken Sie noch einmal 20 Reihen kraus rechts und ketten die Stola ganz locker ab. Alle Fäden vernähen.

Tipp
Alle Werkstücke, die umgehängt werden, wie z. B. Schals, Schultertücher oder Stolas, sollen ganz locker gestrickt werden, damit sie weich sind und schön fallen.

Mütze und Stulpen – Ton in Ton

Mütze

(Kopfumfang 54 cm)

Material
100 g Wolle
1 Nadelspiel oder eine Rundstricknadel (40 cm lang) Nr. 3,5

Schlagen Sie für die Mütze 85 Maschen an und stricken Sie ein 5 cm breites Bündchen im Perlmuster (1 Masche rechts, 1 Masche links, in der darauffolgenden Runde das Ganze um 1 Masche versetzen). Anschließend stricken Sie 4 Runden rechts, wobei Sie in der 1. Runde verteilt 5 Maschen zunehmen (sollte die Haube noch weiter werden, dann in dieser Runde dementsprechend mehr Maschen zunehmen). Für die Streifenfolge stricken Sie jeweils 10 Runden links und 4 Runden rechts. Nach dem 5. Mal Linksstricken beginnen Sie mit der Abnahme. Dazu stricken Sie *2 Maschen rechts zusammen, 2 rechte Maschen*. Von * bis * wiederholen Sie das so oft, bis nur mehr ca. 15 Maschen auf der Nadel sind. Schneiden Sie den Faden ab und ziehen Sie die Maschen mit einer Nadel zusammen. Alle Fäden vernähen.

Stulpen

(Schuhgröße 38/39)

Muster 1: 2 Maschen rechts, 2 Maschen links

Muster 2: 1. Runde: 3 Maschen rechts, 5 Maschen links

2. Runde: alle Maschen rechts. Stets die 1. und die 2. Reihe wiederholen

Die Stulpen werden von unten nach oben mit einem Wadenkeil gestrickt.

Schlagen Sie 44 Maschen an und stricken 20 Runden im Muster 1. Ab nun stricken Sie im Muster 2 weiter. Der letzte Mustersatz geht sich bei der Maschenanzahl nur mehr zum Teil aus. An dieser Stelle wird der Wadenkeil eingearbeitet. Das bedeutet, dass in jeder 4. Runde hier 1 Masche zugenommen wird. Stricken Sie die zugenommenen Maschen dann in das Muster ein. Nach 80 Runden, stricken Sie nochmals 20 Runden im Muster 1 und ketten alle Maschen ganz locker ab.

Tipp
Je nach Wunsch können Sie die Stulpen auch länger stricken.

-	-	-	-	O	O	-	-	-	-	-	O	O	-	-	-	-	-	O	O	-	-	-	-
-	-	-	-	O	O	-	-	-	-	O		O	-	-	-	-	-	O	O	-	-	-	-
-	-	-	-	O	O	-	-	-	-	O			O	-	-	-	-	O	O	-	-	-	-
-	-	-	-	O	O	-	-	-	O				O	-	-	-	-	O	O	-	-	-	-
-	-	-	-	O	O	-	-	-	O					O	-	-	-	O	O	-	-	-	-
-	-	-	-	O	O	-	-	O							O	-	-	O	O	-	-	-	-
-	-	-	-	O	O	-	-								O	-	-	O	O	-	-	-	-
-	-	-	-	O	O	-	-									-	-	O	O	-	-	-	-
-	-	-	-	O	O	-										-	-	O	O	-	-	-	-
-	-	-	-	O	O	-											-	O	O	-	-	-	-
-	-	-	-	O	O												-	O	O	-	-	-	-
-	-	-	-	O	O													O	O	-	-	-	-
-	-	-	-	O														O	O	-	-	-	-
-	-	-	-	O															O	-	-	-	-
-	-	-	O																O	-	-	-	-
-	-	-	O																	O	-	-	-
-	-	-																		O	-	-	-
-	-	-																			O	-	-
-	-	-																				O	-
-	-																					O	-

O = rechte Masche, - = linke Masche. Die leeren Kästchen sind zeichentechnisch Platzhalter für die zugenommenen Maschen. Jede gezeichnete Reihe sind 4 gestrickte Reihen.

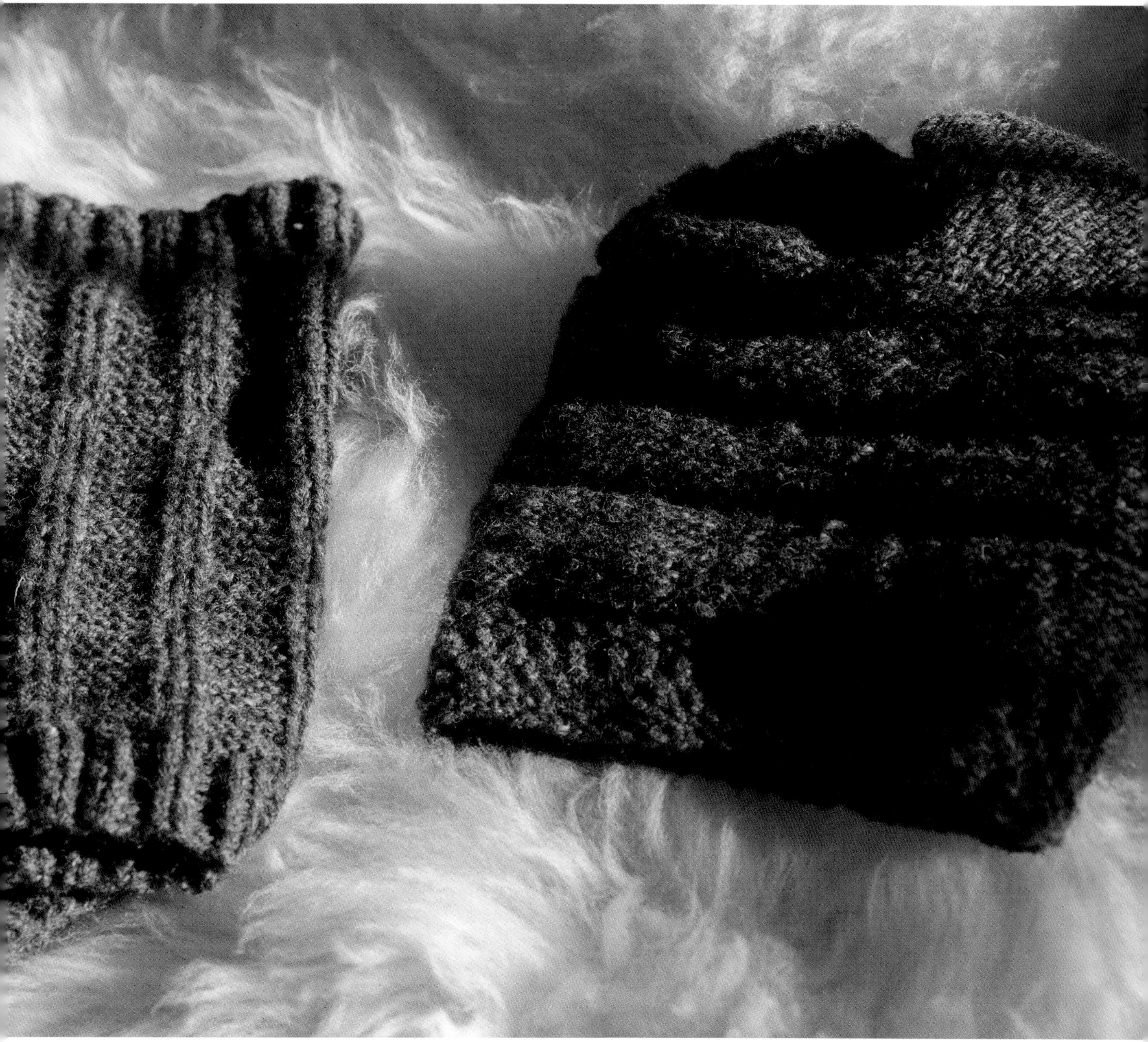

Spiralsocken – nie wieder kalte Füße

Material
50 g Wolle
Stricknadeln Nr. 3,5

Bei Spiralsocken wird keine Extra-Ferse gestrickt. Stattdessen werden durch ein spezielles Rechts-Links-Spiralmuster die Socken so gedreht, das sie sich perfekt dem Fuß anpassen.

Zuerst die gewünschte Maschenanzahl anschlagen und ein 5 cm hohes Bündchen mit 2 Maschen rechts, 2 Maschen links stricken.

Anschließend mit dem Spiralmuster bis zur Spitze weiterarbeiten.

Für die Spitze in jeder Runde auf der 1. + 3. Nadel die 2. + 3. Masche zusammenstricken.

2. + 4. Nadel die vorletzte und vorvorletzte Masche zusammenstricken, bis nur mehr 2 Maschen auf jeder Nadel sind.

Den Faden abschneiden und die Maschen mit einer Stopfnadel zusammenziehen und vernähen.

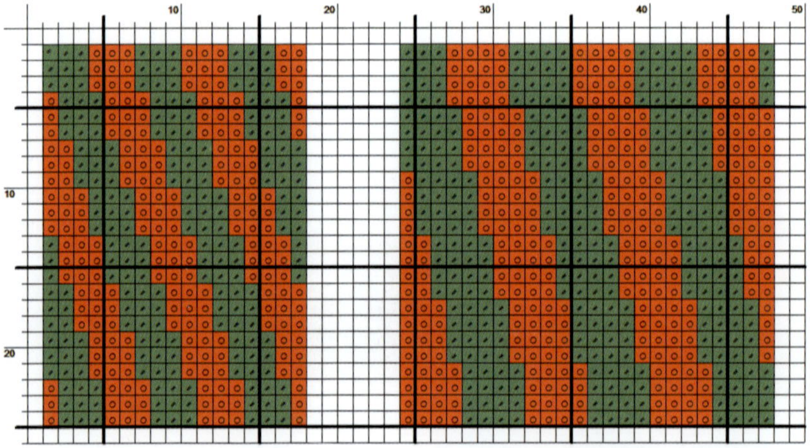

grün = linke Maschen, orange = rechte Machen

Spiralmuster

Stricken Sie 3 (4) Maschen rechts, 3 (4) Maschen links. Nach 3 (4) Runden verschieben Sie das ganze Muster um eine Masche nach links und wiederholen dies so lange, bis Sie bei der Spitze des Sockens angelangt sind.

Tipp
Die Maschenanzahl muss bei 3 Maschen rechts, 3 Maschen links durch 6 teilbar sein (bis ca. Größe 28/29). Bei 4 Maschen rechts, 4 Maschen links durch 8 teilbar sein (ab Größe 30).

Maßtabelle für Socken

Größe	18/20	22/23	24/25	26/27	28/29	30/31	32/33	34/35	36/37	38/39	40/41	42/43	44/45	46/47
Maschenanschlag	24	24	30	36	36	40	40	40	48	48	48	56	56	56
Gesamte Länge in cm bis zur Spitze*	18	20	22	23	24	26	30	34	36	38	40	42	44	46

* Die angegebene Länge ist nur ein Richtwert und kann individuell nach den eigenen Bedürfnissen verändert werden.
Diese Angaben gelten für Schafwolle 50 g/125 m.

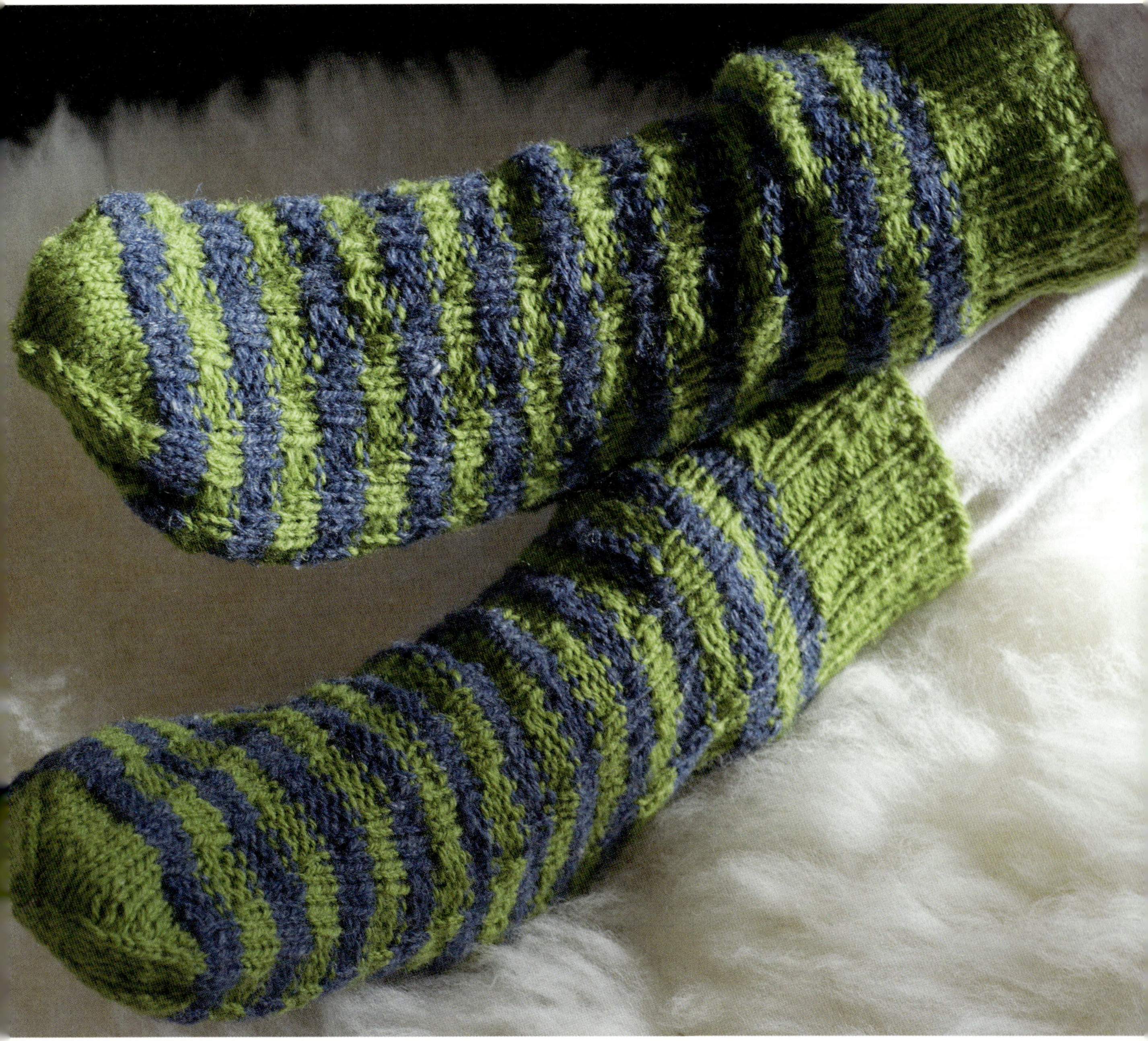

Hausschuhe mit weicher Schafwollvlies-Einlage

Das mitgestrickte Wollvlies vermittelt nicht nur eine angenehme Wärme, sondern auch eine bessere Haltbarkeit des Hausschuhs.

Material
100 g Wolle und 10 g Wollvlies
lange Stricknadeln und ein Nadelspiel Nr. 4

Die Hausschuhe werden mit doppeltem Faden gestrickt.

10 Maschen anschlagen und 20 Reihen kraus rechts stricken **(Abb. 1)**.

Auf jeder Seite 10 Maschen dazu anschlagen **(Abb. 2+3)**, das Wollvlies in ganz kleine Stücke ziehen **(Abb. 4)** und zwischen die Masche legen **(Abb. 5)**.

1 Masche abstricken **(Abb. 6)** und das Vlies nach hinten legen (um die Masche herum) **(Abb. 7)**.

Auf **Abb. 8** ist ersichtlich, wie es auf der anderen Seite aussieht.

Legen Sie die Vliesstücke von der Ferse bis zur Spitze so ein, dass eine schöne Sohle entsteht. 36 Reihen so weiterarbeiten **(Abb. 9+10)**.

Die Maschen auf 4 Nadeln verteilen, noch 3 Maschen vorne in der Mitte dazu anschlagen **(Abb. 11)** und in Runden rechts weiterstricken (dabei weiterhin an der Sohle das Wollvlies einarbeiten) **(Abb. 12)**.

Für die Spitze seitlich bei jeder Nadel 2 Maschen zusammenstricken, bis nur mehr 8 Maschen auf den Nadeln sind **(Abb. 13)**. Diese Maschen zusammennähen, die Ferse hochklappen und zusammennähen **(Abb. 14)**.

Auf die Sohle rutschfeste Gummipunkte aufmalen **(Abb. 15)**.

Maschenprobe bei doppeltem Faden

Glatt rechts
10 x 10 cm = 18 Maschen x 20 Reihen
Kraus rechts
10 x 10 cm = 17 Maschen x 28 Reihen

Hausschuhe gefilzt – ohne Schafwollvlies

Stricken Sie die Hausschuhe, wie in der Anleitung beschrieben, jedoch ohne Wollvlies um 1–2 Größen größer, als Sie sie benötigen, und waschen Sie die fertigen Hausschuhe in der Waschmaschine bei ca. 30–40 °C (immer mit einer anderen Wäsche, wie z. B. Handtüchern, mitwaschen, da sonst zu wenig Reibung vorhanden ist und kein wirklicher Filzvorgang zustande kommen kann). Ziehen Sie die Hausschuhe vor dem Trocknen in Form.

Maßtabelle für Hausschuhe mit doppeltem Faden gestrickt (Schafwolle 50 g/125 m)

Größe	19/20	21/22	23/24	25/26	27/28	29/30	31/32	33/34	35/36	37/38	39/40	41/42	43/44	45/46
Anschlag Ferse	4	4	4	4	6	6	6	8	8	8	10	10	11	12
Reihen Ferse	10	10	12	12	14	14	16	16	18	18	20	20	22	24
Maschen je Seite	5	5	6	6	7	7	8	8	9	9	10	10	11	12
Reihen gerade	16	18	20	22	24	26	28	30	32	34	36	38	40	42
Mittlere Maschen	1	1	1	1	2	2	2	2	3	3	3	4	4	4
Runden bis zur Spitze	12	12	14	16	18	20	22	24	26	28	30	32	34	36
Fußlänge in cm	12	13	14	15	16	18	20	22	23	24	26	27	28	30

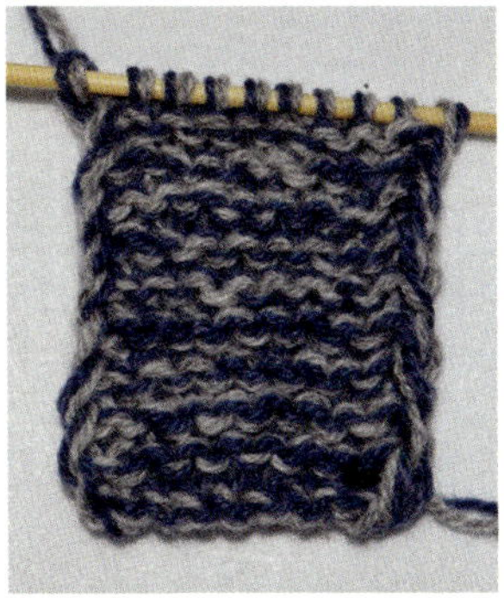

Abb. 1

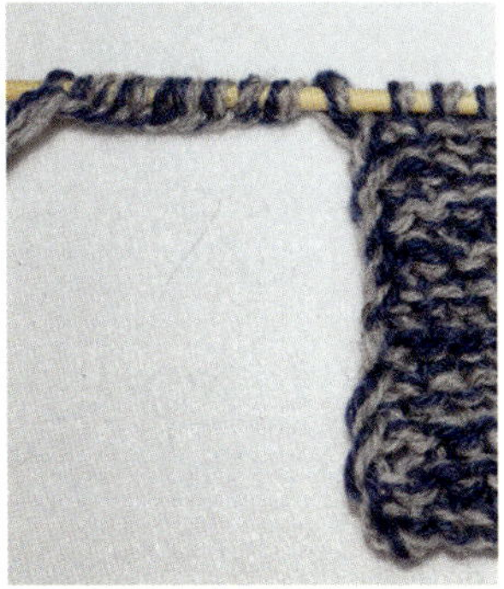

Abb. 2

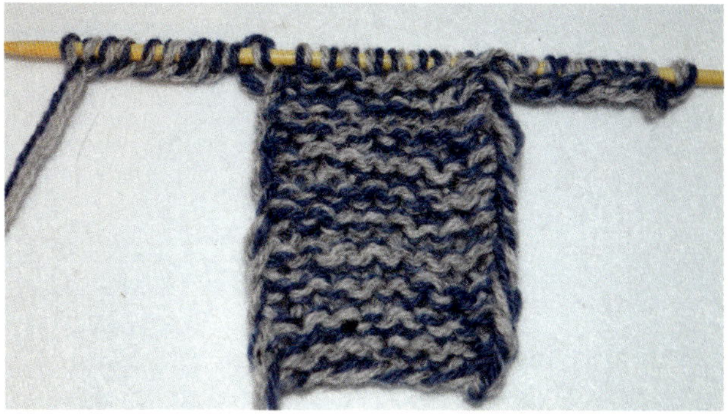

Abb. 3

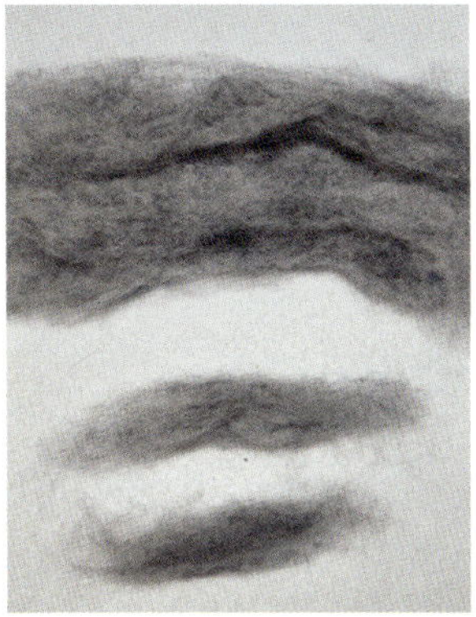

Abb. 4

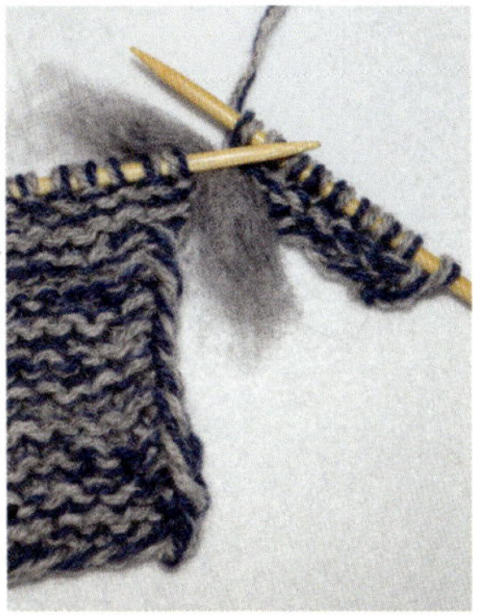

Abb. 5

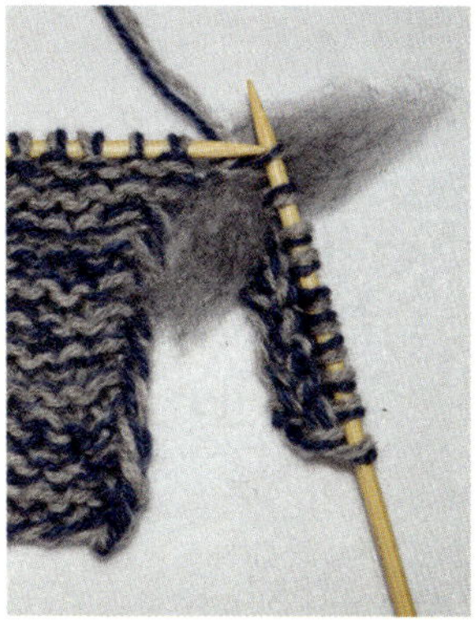

Abb. 6

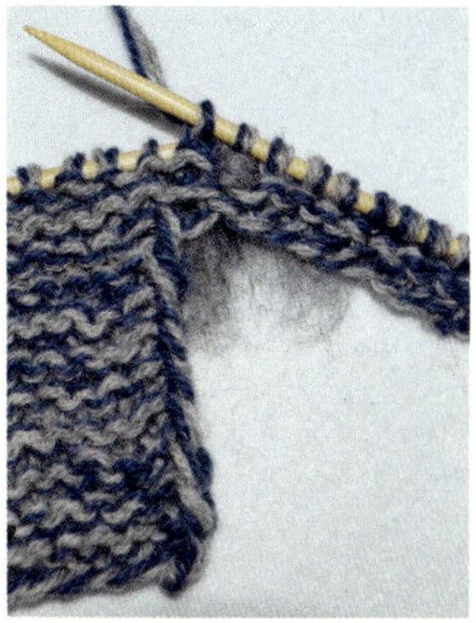

Abb. 7

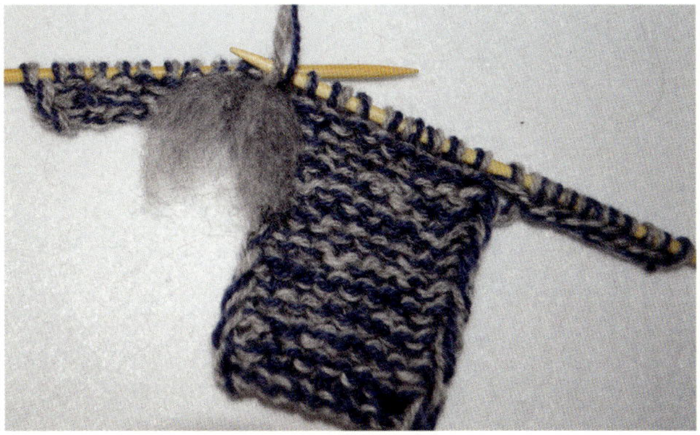

Abb. 8

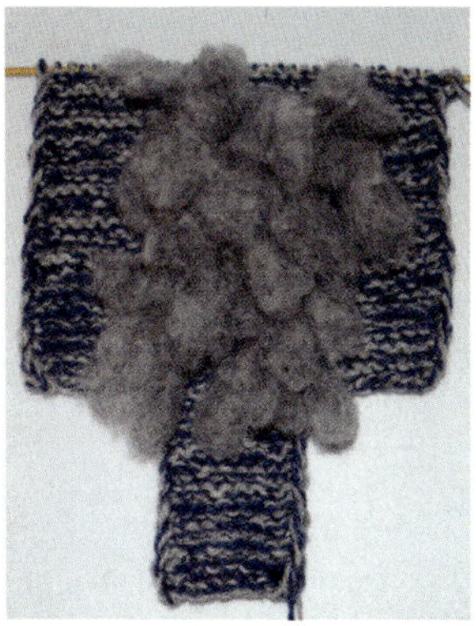

Abb. 9

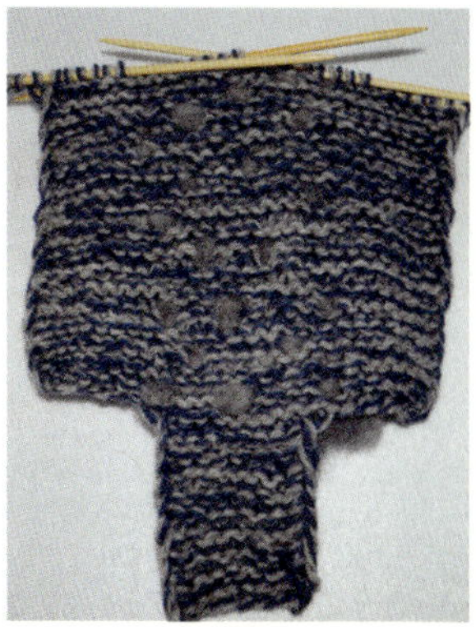

Abb. 10

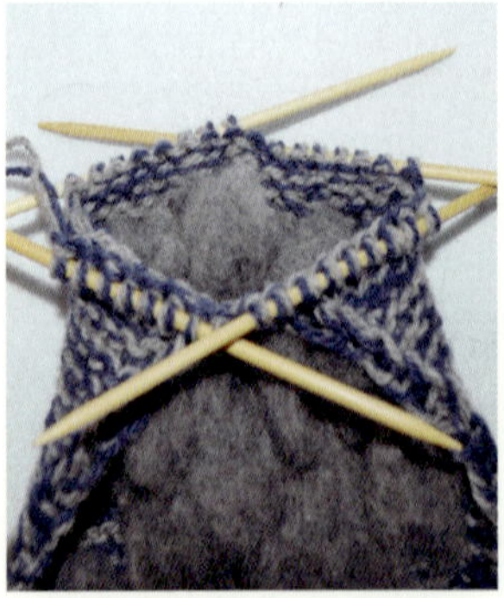

Abb. 11

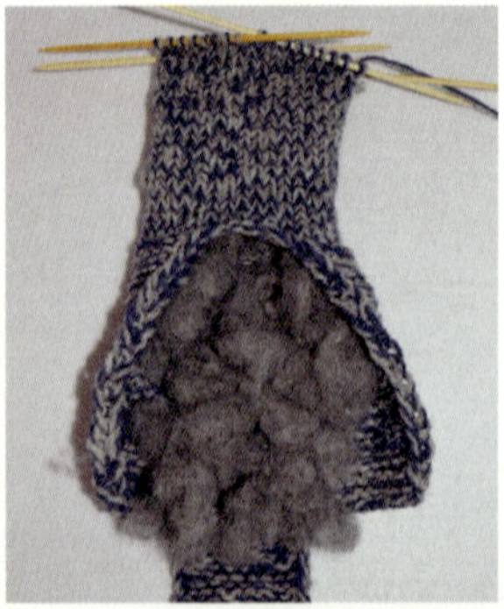

Abb. 12

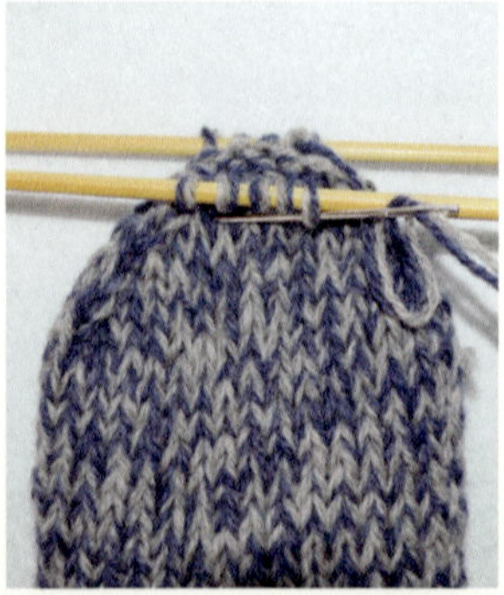

Abb. 13

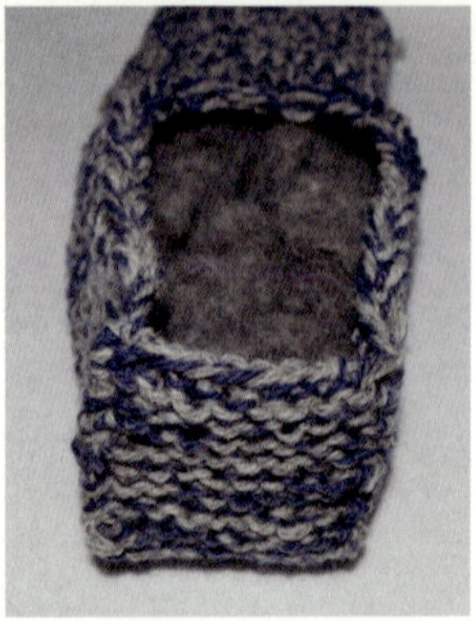

Abb. 14

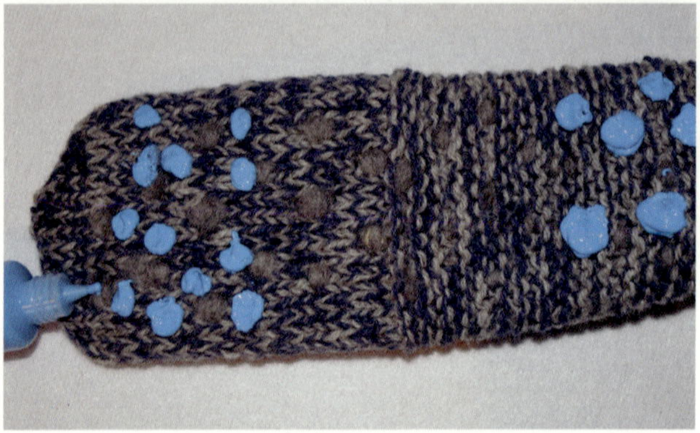

Abb. 15

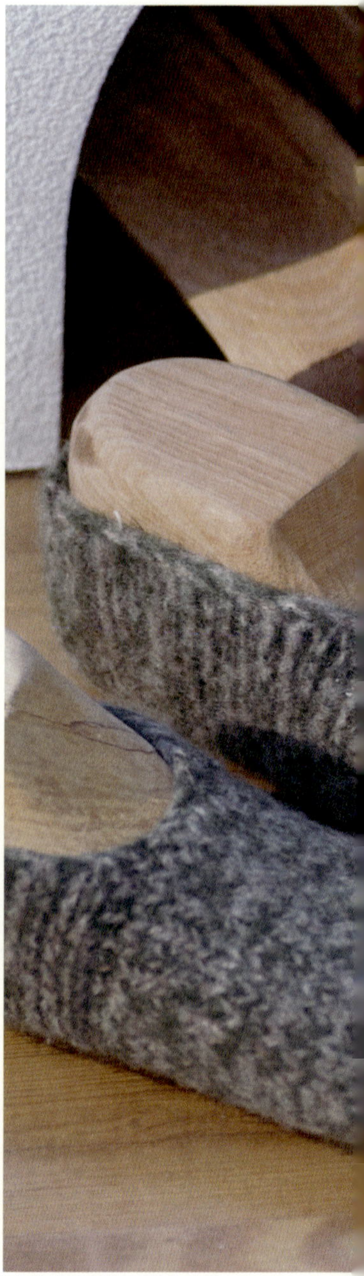

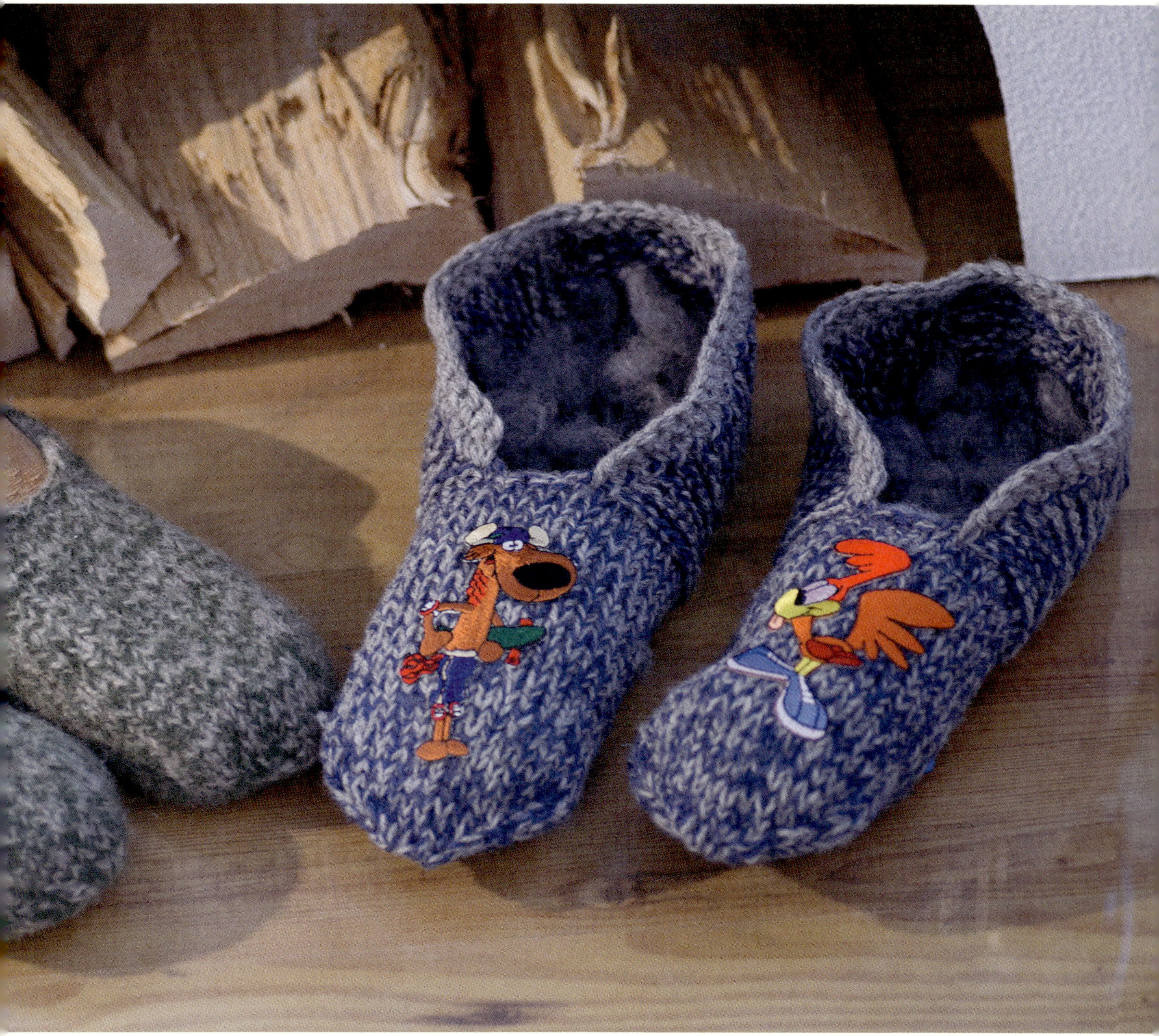

Einfache Kinder-Trachtenweste

Für Kinder bis ca. 3 Jahre

Material
300 g Wolle in Dunkelgrau
50 g Wolle in Dunkelgrün
Stricknadel Nr. 3,5
5 Knöpfe

Muster 1: 1 Masche rechts, 1 Masche links
Muster 2: Riegerl glatt = Hin- und Rückreihe rechts stricken
Nahtmaschen: Hinreihe links stricken, Rückreihe rechts stricken

Zeichnen Sie einen Schnitt wie auf Seite 56 ff. und legen Sie während der Arbeit zur Kontrolle immer wieder den gestrickten Teil darauf

Rückenteil

Schlagen Sie 65 Maschen an und stricken Sie 4 Reihen im Muster 1. Im Rücken stricken Sie die mittlere Masche (1 Masche) als Nahtmasche.

Stricken Sie im Muster 2 bis zum Beginn des Armlochs weiter. Für das Armloch nehmen Sie beidseitig folgende Maschenanzahl ab: 2 M, 2 M, 1 M, 1 M. Nun stricken Sie laut Schnitt bis zur Schulter und ketten beidseitig 4 x 7 Maschen ab. Zum Schluss ketten Sie alle Maschen ab. Bis ca. Größe 110 wird kein Extra-Halsausschnitt auf der Rückseite gearbeitet.

Rechtes Vorderteil

Schlagen Sie 34 Maschen an und stricken Sie 4 Reihen im Muster 1. Stricken Sie im Muster 2 bis zum Armloch weiter. Für das Armloch nehmen Sie auf der rechten Seite folgende Maschenanzahl ab: 2 M, 2 M, 1 M, 1 M. Nun stricken Sie laut Schnitt bis zum Halsausschnitt und nehmen in der vorderen Mitte folgende Maschenanzahl ab: 2 M, 2 M, 1 M, 1 M, 1 M. Stricken Sie bis zur Schulter fertig und ketten Sie die verbliebenen 21 Maschen 3 x 7 M, beginnend auf der Armlochseite, ab.

Stricken Sie den 2. Vorderteil gegengleich.

Tipp
Wenn Sie sich die Seitennaht ersparen wollen, schlagen Sie 133 Maschen an und stricken die beiden Vorderteile und den Rückenteil in einem, wie es auf Seite 26 abgebildet ist.

Ärmel

Schlagen Sie 38 Maschen an und stricken Sie 4 Reihen im Muster 1. Stricken Sie im Muster 2 bis zur Armkugel weiter. Für die Ärmelschräge nehmen Sie beidseitig in jeder 10. Reihe 1 Masche zu, bis Sie 56 Maschen auf der Nadel haben.

Für die Armkugel nehmen Sie beidseitig folgende Maschenanzahl ab: 2 M, 2 M, 1 M, 1 M, 0 M, 1 M, 0 M, 1 M, 0 M, 1 M, 0 M, 1 M, 0 M, 1 M, 0 M, 1 M, 0 M, 1 M, 0 M, 1 M, 0 M, 1 M, 0 M, 5 M. Zum Schluss ketten Sie alle verbliebenen Maschen ab.

Fertigstellen

Feuchten Sie alle Teile an und spannen Sie diese über Nacht. Nähen Sie die Teile an der Seite und an der Schulter zusammen und umhäkeln Sie den Halsausschnitt mit 1 Runde in Dunkelgrau. Fassen Sie die Maschen mit einer Stricknadel auf und stricken Sie die beiden Knopflochleisten. Anschließend stricken Sie den Halsausschnitt, wie auf Seite 52 f. angegeben. Die Ärmel zusammennähen und in die Weste einnähen. Zum Schluss vernähen Sie alle Fäden und nähen die Knöpfe an.

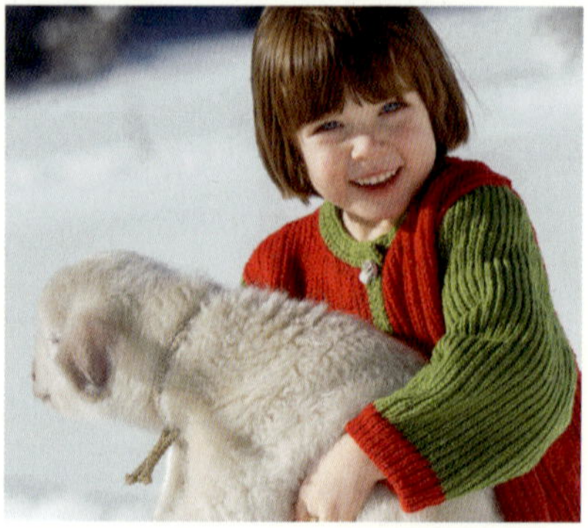

Die Weste sieht in allen Farben nett aus.

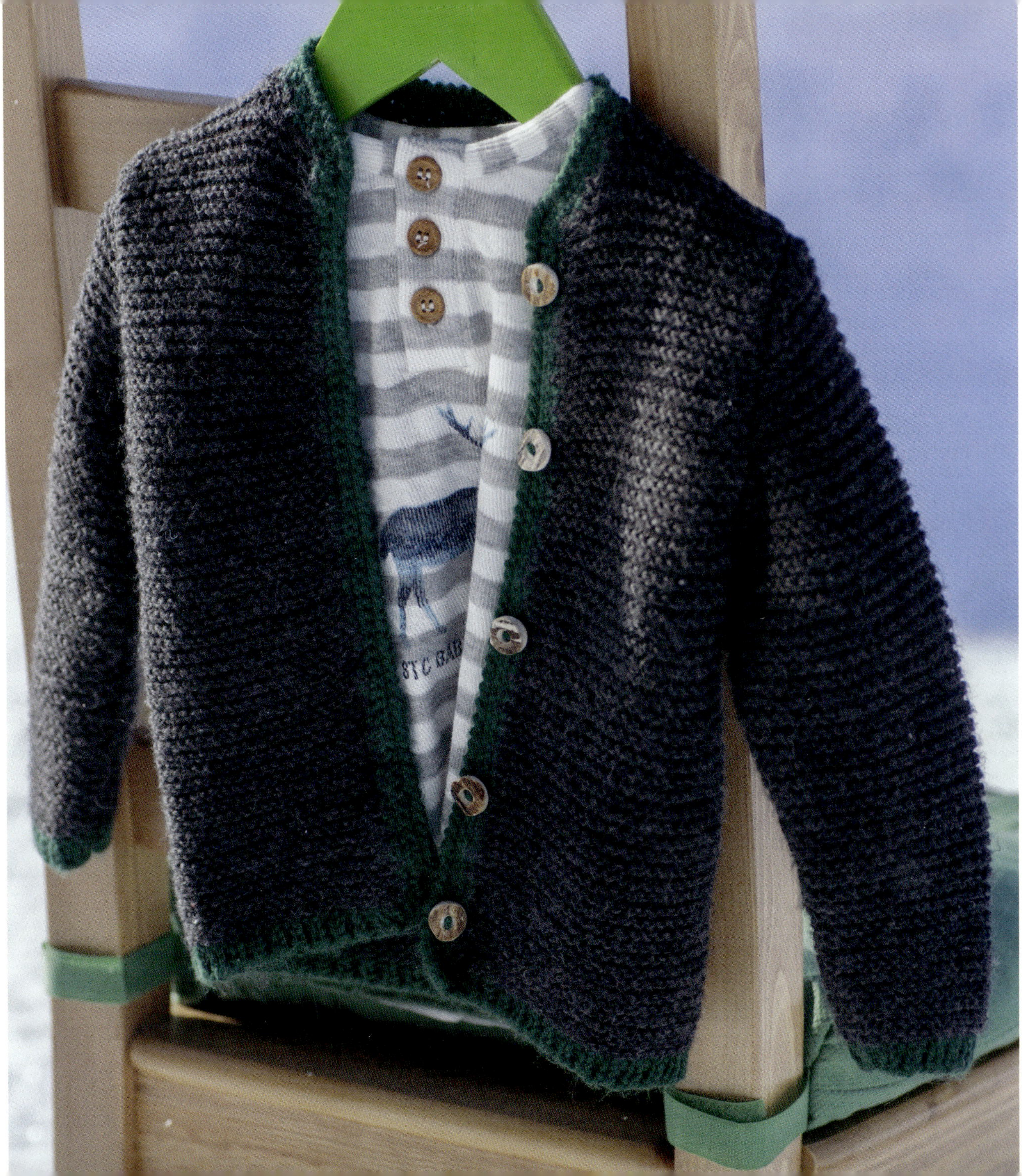

Kinder-Trachtenweste, gewalkt

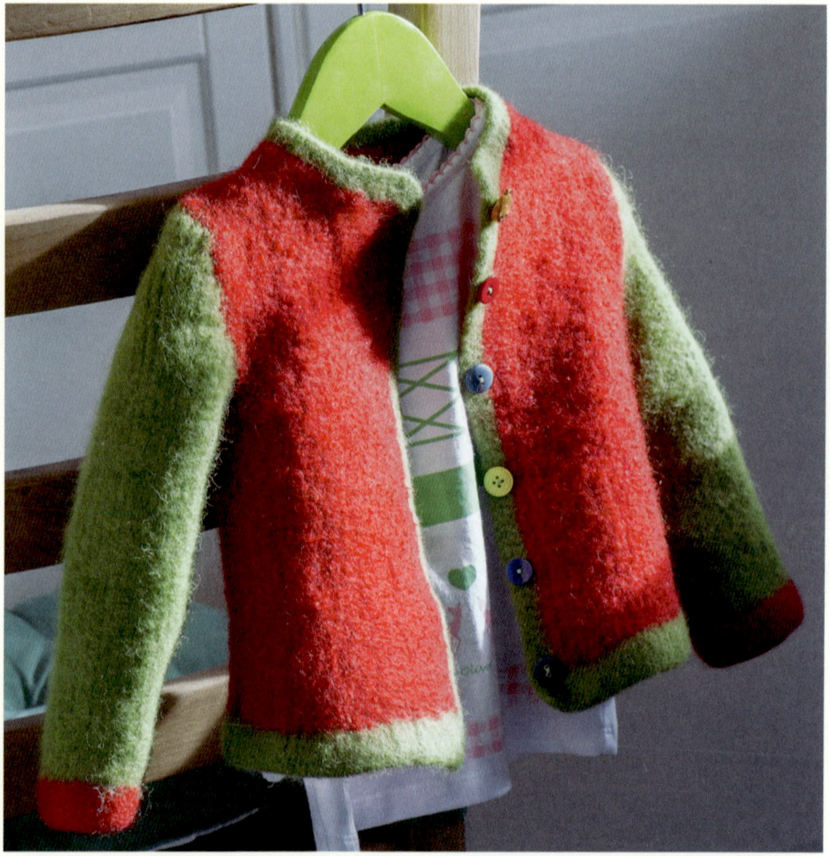

Durch das Walken wird die Wolle ganz weich und die Weste kompakt.

Wie stark sich die Wolle verfilzt, hängt von der Wasserbeschaffenheit und der Waschmaschine ab. Deshalb unbedingt vorher eine Probe machen!

Stricken Sie 2 gleiche Probeflecken. Den einen waschen Sie mit 30 °C in der Waschmaschine. Danach legen sie beide übereinander. Im abgebildeten Fall hat sich zwar die Wolle leicht verfilzt, doch ist sie in der Größe nahezu gleich geblieben. Sollte die Wolle beim „Walken" etwas eingehen, nehmen Sie die Maße der nächsten Größe **(Abb. 1)**.

Stricken Sie die Kinderweste nach der Schritt-für-Schritt-Anleitung von Seite 24 und fertigen Sie sie aus.

Sie können sich die Seitennähte ersparen, wenn Sie beide Vorderteile und den Rückenteil in einem Stück stricken **(Abb. 2)**.

Anschließend waschen Sie die Weste in der Waschmaschine. Noch im nassen Zustand ziehen Sie die Weste in Form.

Info

Wenn man Wolle verfilzt, heißt der Vorgang bei gewebten oder gestrickten Stoffen „Walken".
Wenn man nur Vlieswolle verarbeitet, nennt man dies „Filzen".

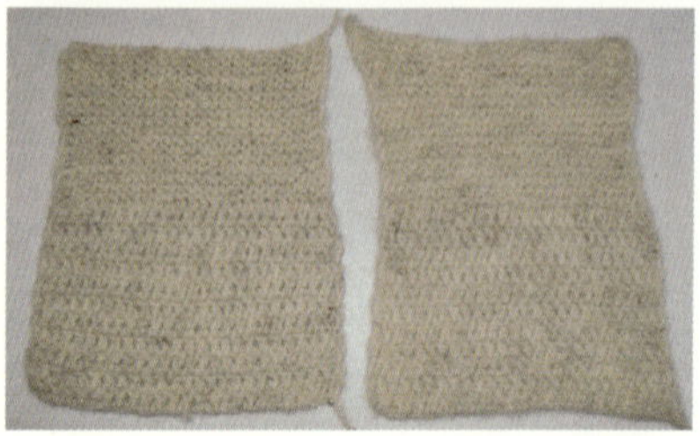

Abb. 1

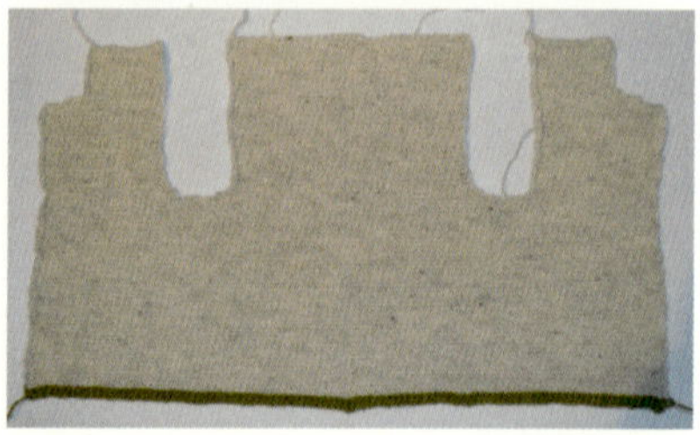

Abb. 2

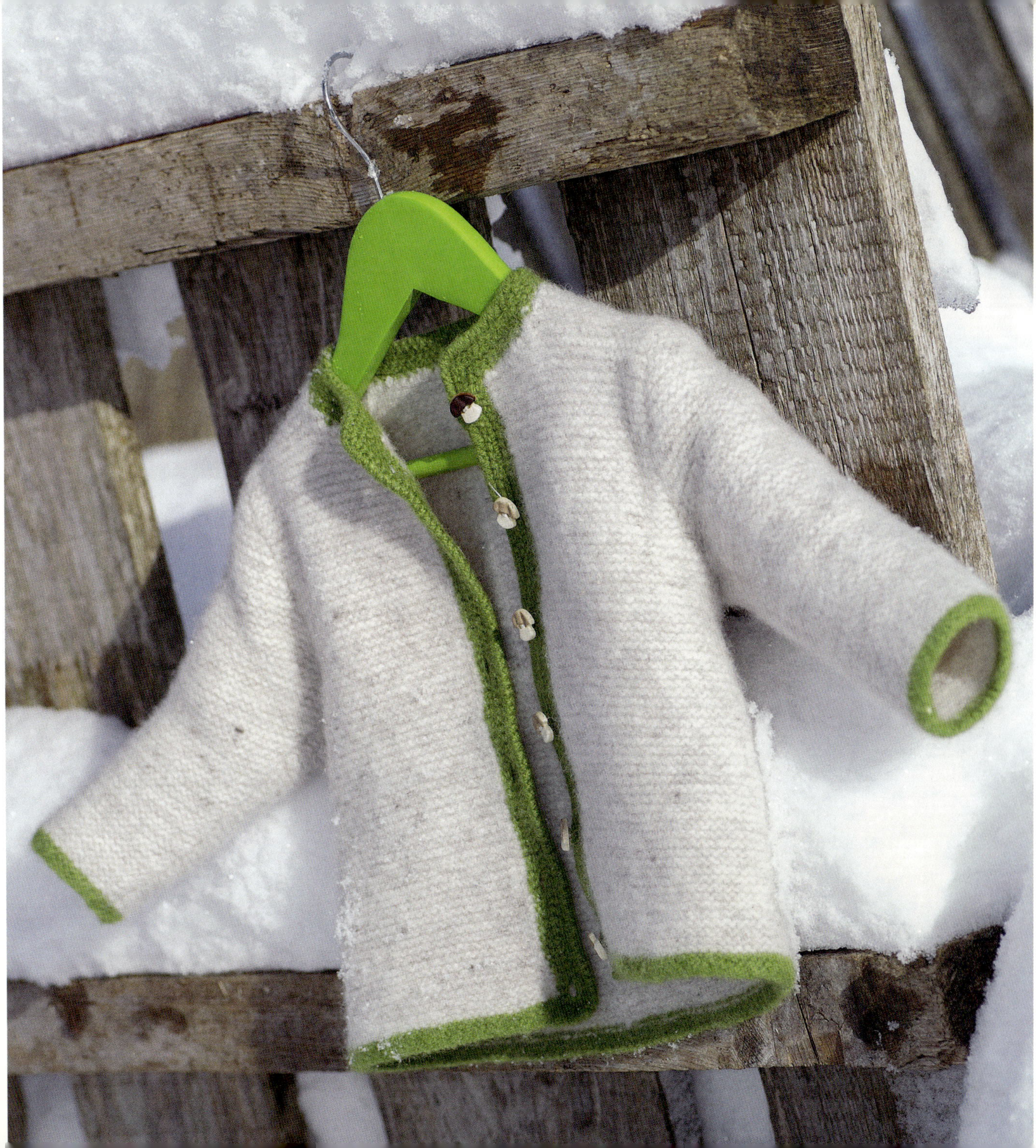

Damenweste mit Zopf in frischem Grün

In der Größe 38

Material
550 g Wolle in Hellgrün
Stricknadeln Nr. 3,5

Zeichnen Sie einen Schnitt nach Ihren Maßen, wie auf Seite 56 ff. beschrieben ist, und nehmen Sie diesen immer als Vorlage.

Rückenteil

Schlagen Sie 100 Maschen an und stricken Sie 3 M links *8 M rechts, 4 M links* 7 x wiederholen und 8 M rechts, 3 M links. Die Rückreihe stricken Sie immer so, wie die Maschen erscheinen. Nach 17 cm stricken Sie bei den linken Maschen in jedem Mustersatz 2 Maschen zusammen = 93 M.

Ab hier beginnen Sie mit dem Zopfmuster (siehe Foto) und stricken laut Schnitt bis zum Armloch. Dabei nehmen Sie für die Taillierung beidseitig 6 x in jeder 10. Reihe 1 Masche zu = 105 Maschen. Für das Armloch nehmen Sie beidseitig in jeder 2. Reihe folgende Maschenanzahl ab: 3 M, 2 M, 2 M, 1 M. Nach 24 cm ab Beginn des Armlochs ketten Sie für den Halsausschnitt die mittleren 17 Maschen ab und stricken die beiden Schultern einzeln fertig. Für die Rundung des Halsausschnittes ketten Sie noch 3 x 3 Maschen in jeder 2. Reihe ab. Die verbliebenen 21 Maschen ketten Sie für eine schöne Schulterschräge 3 x 7 M ab, beginnend auf der Armlochseite.

Rechter Vorderteil

Schlagen Sie 71 Maschen an und stricken Sie die Maschen folgendermaßen: Auf der Vorderseite beginnend: 8 Maschen im Perlmuster (für die Knopflochleiste), 4 M links, *8 M rechts, 3 M Links* 5 x von * bis *

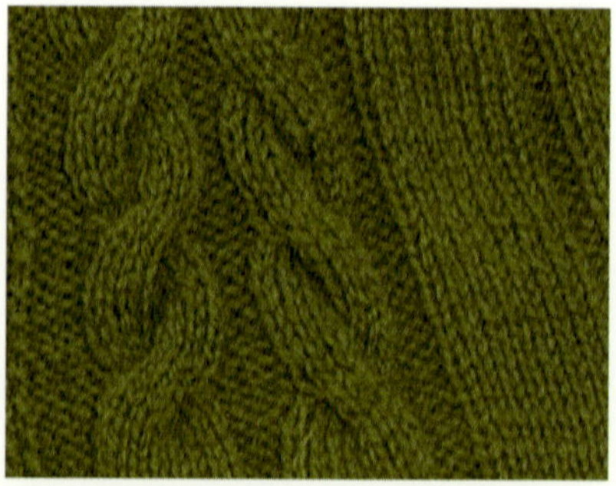

wiederholen. Nach 17 cm stricken Sie bei den linken Maschen in jedem Mustersatz 2 Maschen zusammen = 66 Maschen. Ab hier beginnen Sie mit dem Zopfmuster und stricken bis zum Armloch. Dabei nehmen Sie für die Taillierung 6 x in jeder 10. Reihen 1 Masche zu = 72 Maschen. Für das Armloch nehmen Sie auf der Seite in jeder 2. Reihe folgende Maschenanzahl ab: 3 M, 2 M, 2 M, 1 M. Für den Halsausschnitt werden in jeder 2. Reihe 2 linke Maschen nach der Knopflochleiste zusammengestrickt. Sie müssen nun in der Reihe der Abnahme alle Maschen immer um 1 Masche nach rechts versetzen. Gleichzeitig müssen Sie ab nun den Zopf in die entgegengesetzte Richtung verzopfen, da durch die Verschiebung der Maschen sonst keine Verzopfung stattfindet. Die Abnahme so lange wiederholen, bis nur mehr 21 Maschen sowie die Knopflochleiste übrig ist. Bis zur Höhe laut Schnitt stricken und die 21 Maschen für die

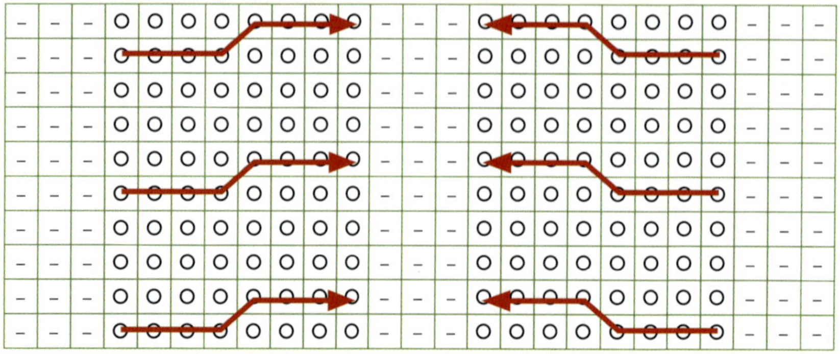

Zopfmuster: Bei der Rückreihe die Maschen so stricken, wie sie erscheinen (O = rechte Masche, – = linke Masche, Pfeile = Verzopfungsrichtung)

Schulterschräge in 3 x 7 M abketten – beginnend auf der Armlochseite. Stricken Sie die Kopflochleiste für den Halsausschnitt noch 10 cm weiter im Perlmuster und ketten diese ab. Den linken Vorderteil gegengleich stricken.

Ärmel

Schlagen Sie 72 Maschen an und stricken Sie 2 M links *8 M rechts, 4 M links* 4 x wiederholen und 8 M rechts, 2 M links. Nach 17 cm stricken Sie bei den linken Maschen in jedem Mustersatz 2 Maschen zusammen = 68 M. Ab hier beginnen Sie mit dem Zopfmuster und stricken laut Schnitt bis zur Armkugel. Dabei nehmen Sie für die Ärmelschräge beidseitig in jeder 10. Reihe 1 Masche so lange zu, bis Sie 81 Maschen haben. Für die Armkugel nehmen Sie beidseitig folgende Maschenanzahl ab: 3 M, 3 M, 2 M, 1 M, 1 M, 1 M, 0 M, 1 M,0 M, 0 M, 1 M,0 M, 0 M, 8 x 1 M, 2 M, 2 M, 3 M, 3 M. Zum Schluss alle verbliebenen Maschen abketten.

Fertigstellen

Feuchten Sie alle Teile an und spannen Sie diese über Nacht. Nähen Sie die Teile an der Seite und an der Schulter zusammen. Die Ärmel zusammennähen und in die Weste einnähen. Nähen Sie die beiden Teile der Knopflochleiste zusammen und an den rückwärtigen Halsausschnitt an. Zum Schluss vernähen Sie alle Fäden und nähen die Knöpfe an.

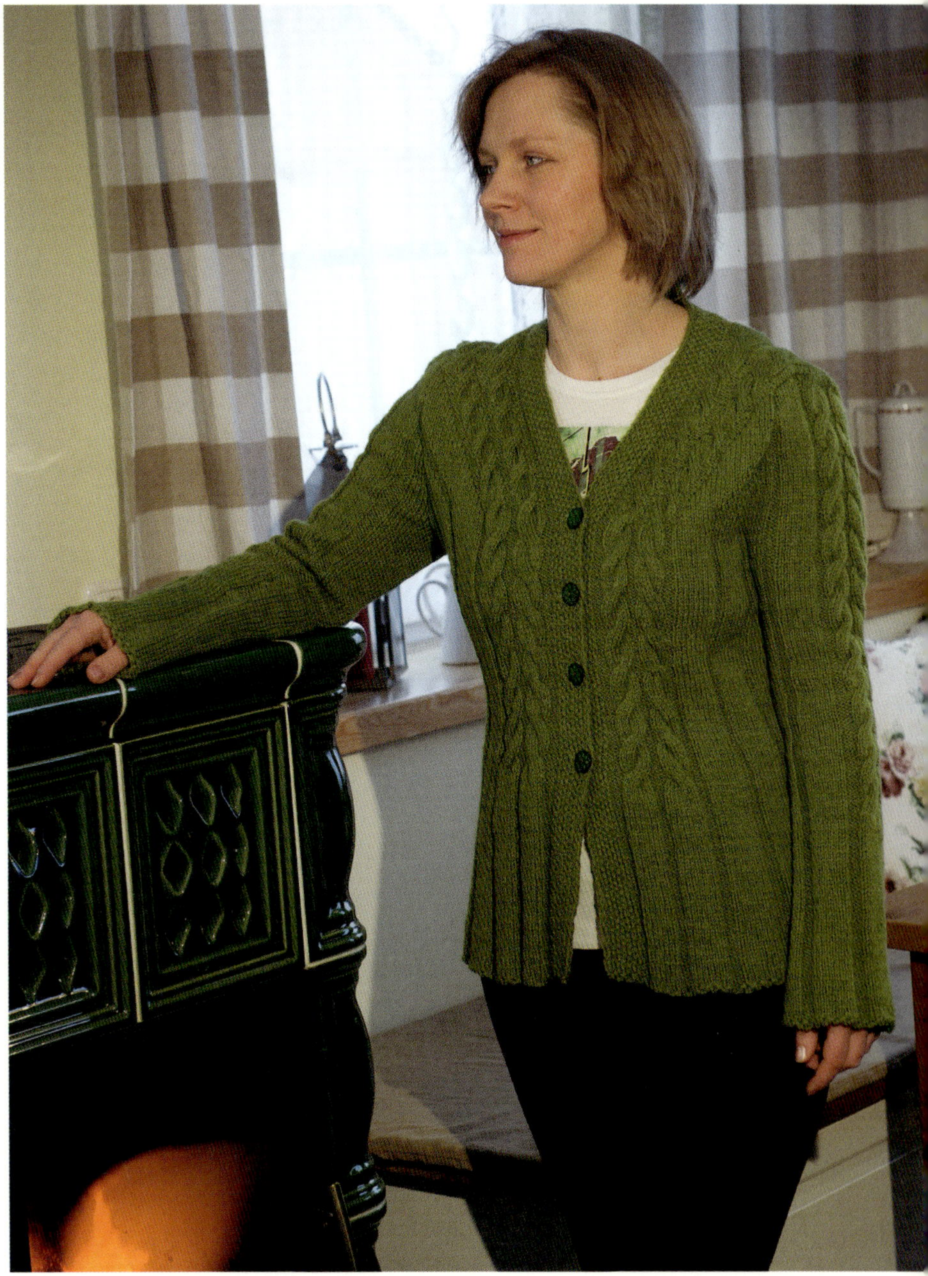

Einfache Damenweste in Dunkelgrün

In der Größe 38

Material
500 g Wolle in Dunkelgrün
50 g Wolle in Hellgrau
Stricknadeln Nr. 3,5
Häkelnadel Nr. 3,5
8 Knöpfe

Zeichnen Sie einen Schnitt nach Ihren Maßen, wie auf Seite 56 ff. beschrieben ist, und nehmen Sie diesen immer als Vorlage.

Perlmuster = 1 Masche rechts, 1 Masche links – in jeder Reihe versetzt

Rückenteil

Schlagen Sie 100 Maschen an und stricken Sie im Perlmuster laut Schnitt bis zum Armloch. Dabei nehmen Sie für die Taillierung beidseitig je 3 Maschen ab und, wie im Schnitt ersichtlich, wieder zu. Für das Armloch nehmen Sie beidseitig in jeder 2. Reihe folgende Maschenanzahl ab: 3 M, 2 M, 2 M, 1 M. Nach 22 cm ab Beginn des Armlochs ketten Sie für den Halsausschnitt die mittleren 16 Maschen ab und stricken die beiden Schultern einzeln fertig. Für die Rundung des Halsausschnittes ketten Sie noch 3 x 3 Maschen beim Halsausschnitt in jeder 2. Reihe ab. Die verbliebenen 25 Maschen ketten Sie für eine schöne Schulterschräge 8 M, 8 M, 9 M ab, beginnend auf der Armlochseite.

Rechter Vorderteil

Schlagen Sie 50 Maschen an und stricken Sie den Vorderteil laut Schnitt bis zum Halssauschnitt gleich wie den Rückenteil, wobei Sie nach 8 cm die Tasche wie auf Seite 48 ff. einarbeiten. Für den Halsauschnitt nehmen Sie folgende Maschenzahl ab: 4 M, 3 M, 2 M, 2 M, 2 M, 2 M, 1 M, 1 M. Die verbliebenen 25 Maschen stricken Sie bis oben fertig und ketten Sie für eine schöne Schulterschräge 8 M, 8 M, 9 M ab, beginnend auf der Armlochseite. Den linken Vorderteil gegengleich stricken.

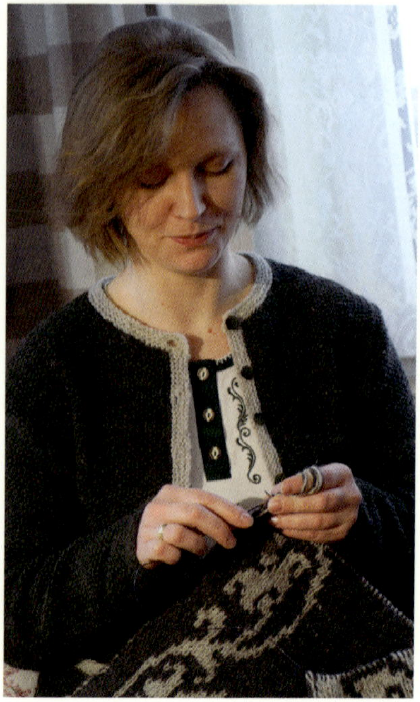

Ärmel

Schlagen Sie 55 Maschen an und stricken im Perlmuster laut Schnitt bis zur Armkugel. Dabei nehmen Sie für die Ärmelschräge beidseitig in jeder 10. Reihe 1 Masche zu (= 75 Maschen).

Für die Armkugel nehmen Sie beidseitig folgende Maschenanzahl ab: 3 M, 3 M, 2 M, 1 M, 1 M, 1 M, 0 M, 1 M, 0 M, 0 M, 1 M, 0 M, 0 M, 8 x 1 M, 2 M, 2 M, 3 M, 3 M. Zum Schluss alle verbliebenen Maschen abketten.

Fertigstellen

Feuchten Sie alle Teile an und spannen Sie diese über Nacht. Nähen Sie die Teile an der Seite und an der Schulter zusammen und umhäkeln Sie die vordere Mitte und den Halsausschnitt mit 1 Runde in Dunkelgrün. Fassen Sie mit einer Stricknadel die Maschen auf und stricken Sie die beiden Knopflochleisten. Anschließend stricken Sie den Halsausschnitt, wie auf Seite 52 f. angegeben. Die Ärmel zusammennähen und in die Weste einnähen. Zum Schluss vernähen Sie alle Fäden und nähen die Knöpfe an.

Tipp
Die Schritt-für-Schritt-Anleitung für diese Weste finden Sie auf S. 46 ff.

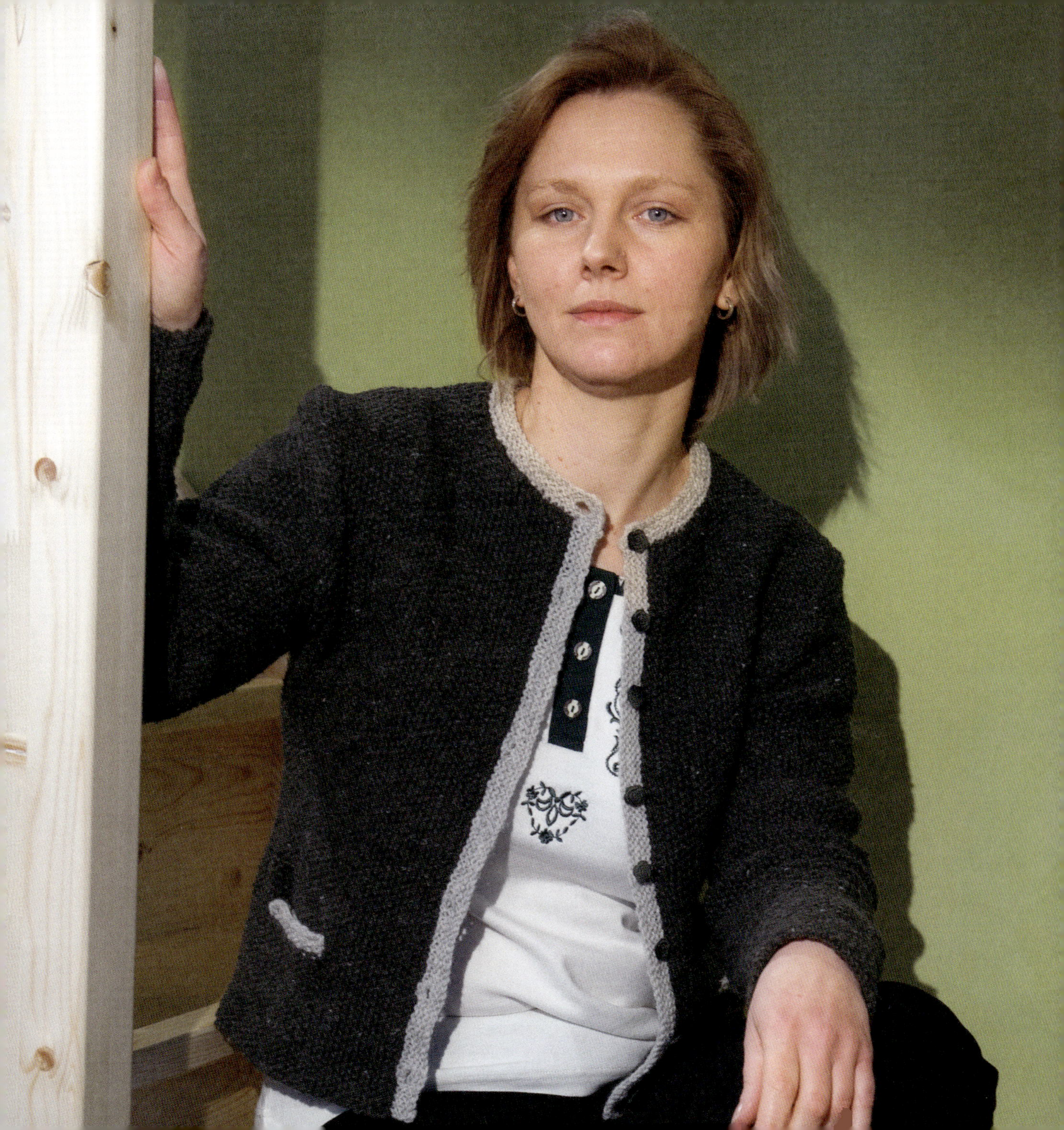

Gehäkelte Tasche in Grün

Material
100 g Wolle in Hell- und Dunkelgrün
Häkelnadel Nr. 3,5
30 x 70 cm Futterstoff

Häkeln Sie mit festen Maschen einen 25 cm langen und 10 cm breiten Streifen in Dunkelgrün für den Boden. Nun arbeiten Sie mit Hellgrün weiter. Dazu häkeln Sie rund um den Taschenboden mit festen Maschen 22 cm hoch **(Abb. 1+2)**.

Nach dem Vernähen aller Fäden wird die Tasche bei 30 °C in der Waschmaschine gewaschen und zum Trocken über einen passenden Karton gestülpt, damit sie die Form erhält **(Abb. 3)**.

Für das Futter schneiden Sie den Stoff rundherum um 2 cm größer zu als die Tasche ist **(Abb. 4)** und nähen die Seiten- und Bodennaht zu **(Abb. 5)**.

Damit das Futter einen schönen Boden bekommt, nähen Sie ein 10 cm breites Eck ab **(Abb. 6)**.

Stecken Sie das Futter in die Tasche, stecken es mit Stecknadeln fest **(Abb. 7)** und nähen Sie es von Hand an der Tasche fest **(Abb. 8)**.

Zum Schluss nähen Sie den Henkel an **(Abb. 9)**.

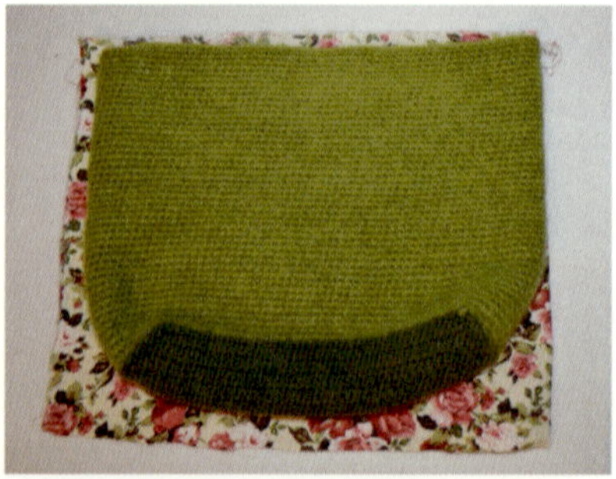

Abb. 4

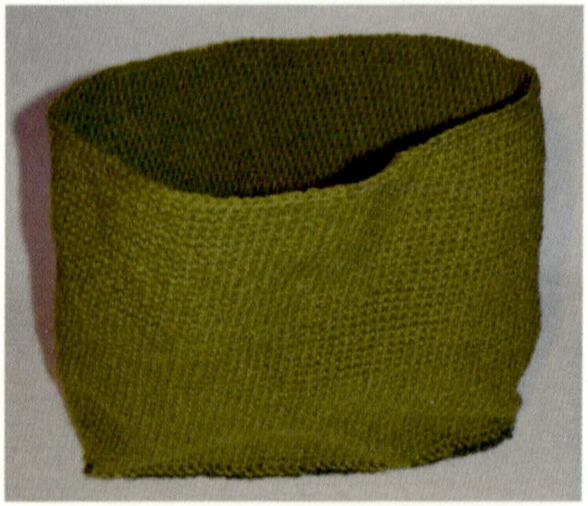

Abb. 2

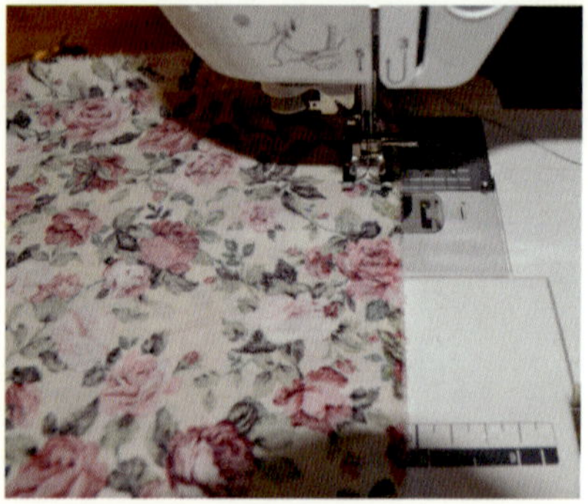

Abb. 5

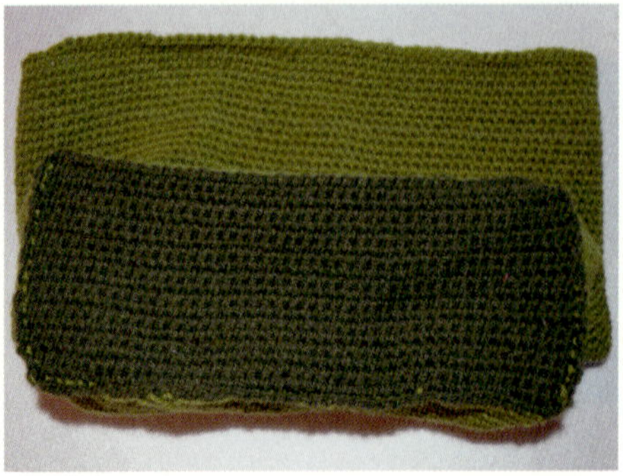

Abb. 1

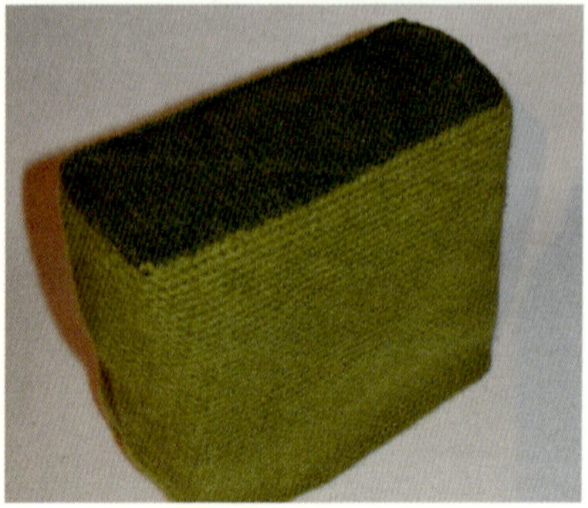

Abb. 3

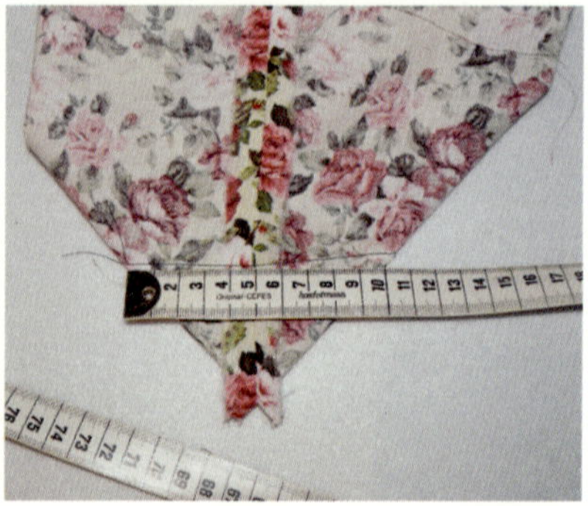

Abb. 6

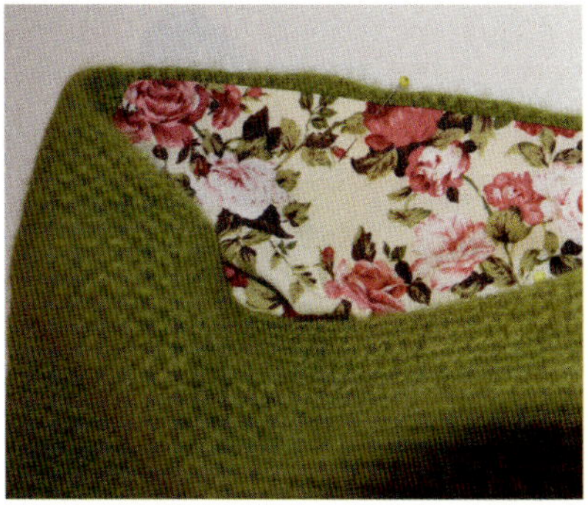

Abb. 7

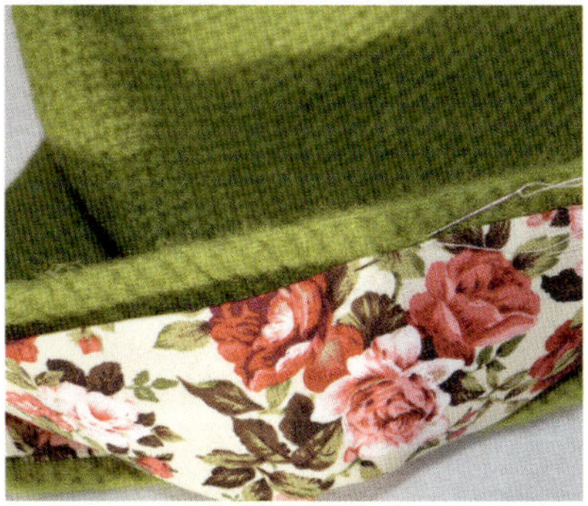

Abb. 8

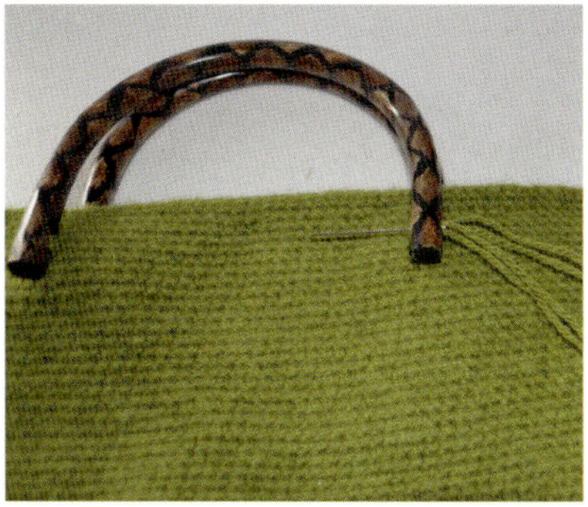

Abb. 9

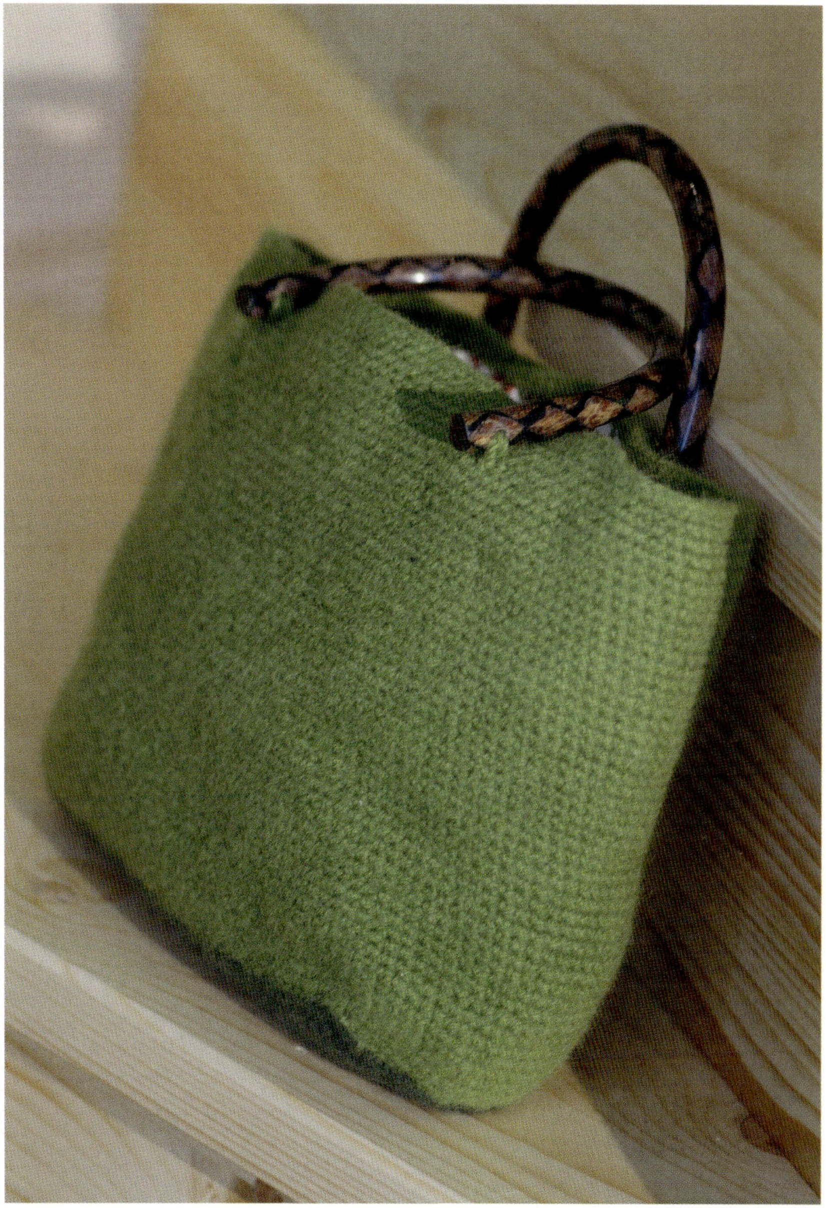

Tasche im Korbdesign

Material
250 g Wolle
Tunesische Rundhäkelnadel Nr. 5,5
Taschengriffe

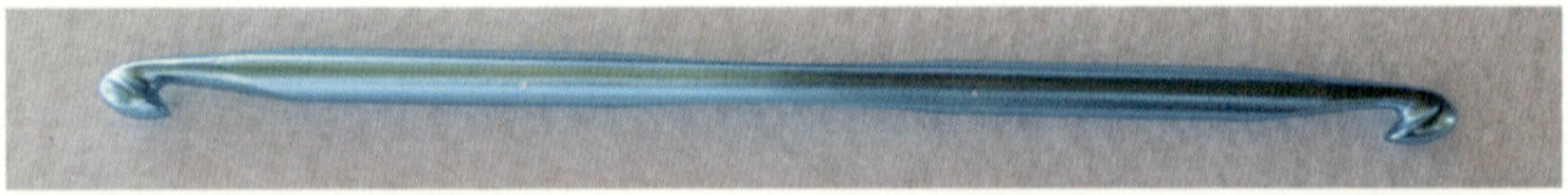

Tunesische Rundhäkelnadel

Der 1. Arbeitsschritt wird mit 3 Fäden gehäkelt (2 Fäden hell, 1 Faden grün)

Der 2. Arbeitsschritt wird mit 2 Fäden gehäkelt (2 Fäden hell)

Häkeln Sie mit festen Maschen (3 Fäden) zuerst den Boden in der Größe von ca. 10 x 25 cm **(Abb. 1)**. Nun umhäkeln Sie den Boden mit einer Runde feste Maschen.

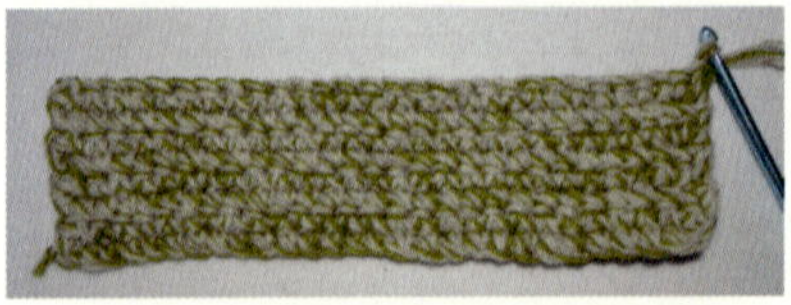

Abb. 1

Ab nun häkeln Sie tunesisch in Runden weiter. Um eine konische Form zu erhalten, verdoppeln Sie an den beiden Seiten in jeder 5. Runde 1 Masche. Nach ca. 27 cm häkeln Sie für den oberen Rand 2 Runden feste Maschen nur in Grün und zum Abschuss noch eine Runde mit Krebsmaschen. Alle Fäden vernähen und die Taschengriffe annähen.

Technik: Tunesisch Häkeln in Runden

Es wird in 2 Arbeitsschritten tunesisch gehäkelt.

1. Arbeitsschritt: Durch die Masche stechen und den Faden (hell und grün) holen – ca. 6 x wiederholen **(Abb. 2)**. Die ganze Arbeit wenden und mit dem 2. Faden (hier ist er rot) weiterarbeiten **(Abb. 3)**.

2. Arbeitsschritt: Mit dem 2. Faden immer 2 Maschen (eine rote und eine aus dem ersten Arbeitsschritt) miteinander abmaschen **(Abb. 4)**.

In der nächsten Runde die Masche für den 1. Arbeitsschritt unter den roten Maschen einstechen **(Abb. 5)**. Die Arbeit wieder wenden und den Arbeitsschritt 2 ausführen **(Abb. 6+7)**.

1. und 2. Arbeitsschritt stets wiederholen.

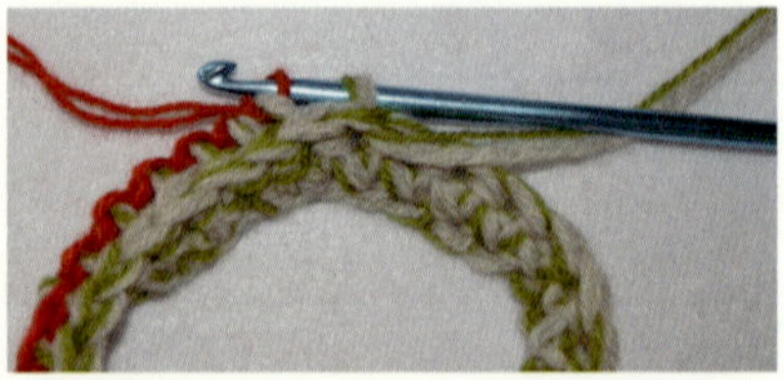

Abb. 4

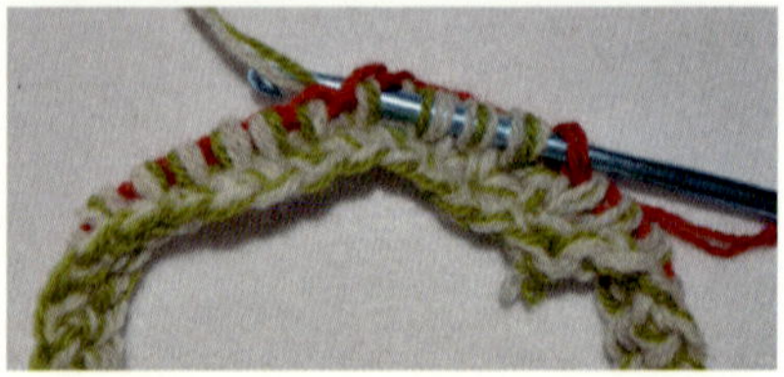

Abb. 5

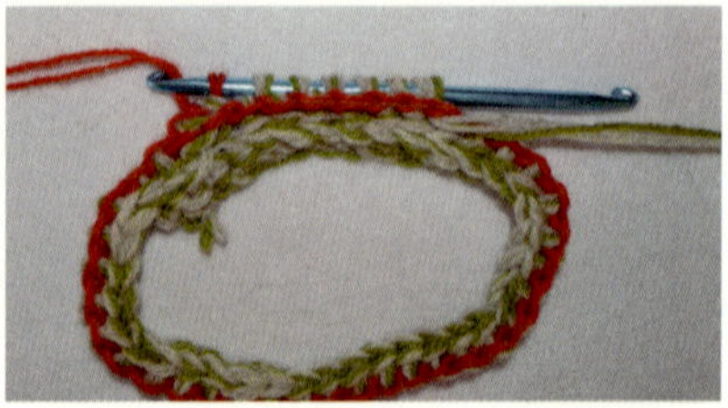

Abb. 6

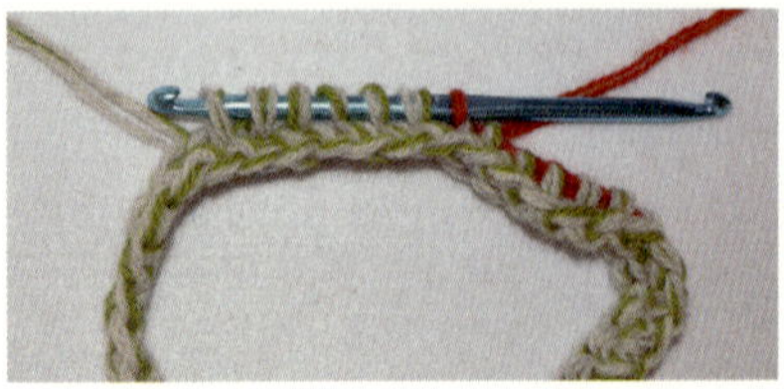

Abb. 2

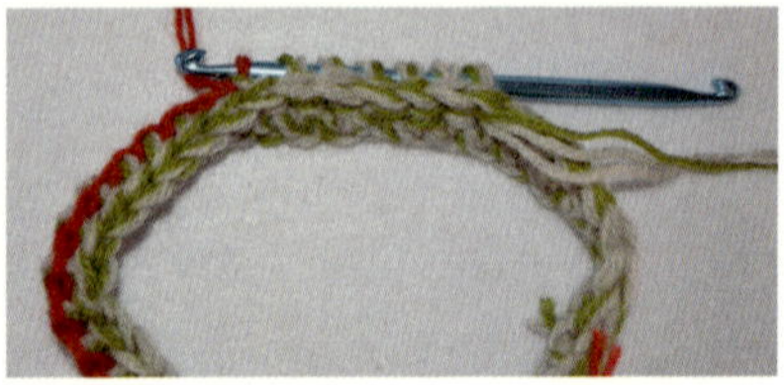

Abb. 3

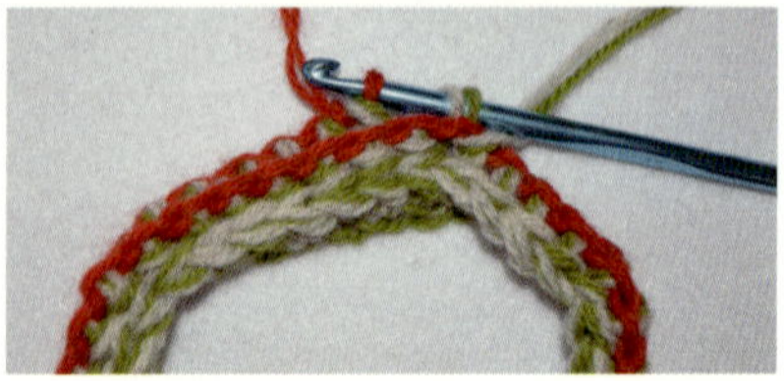

Abb. 7

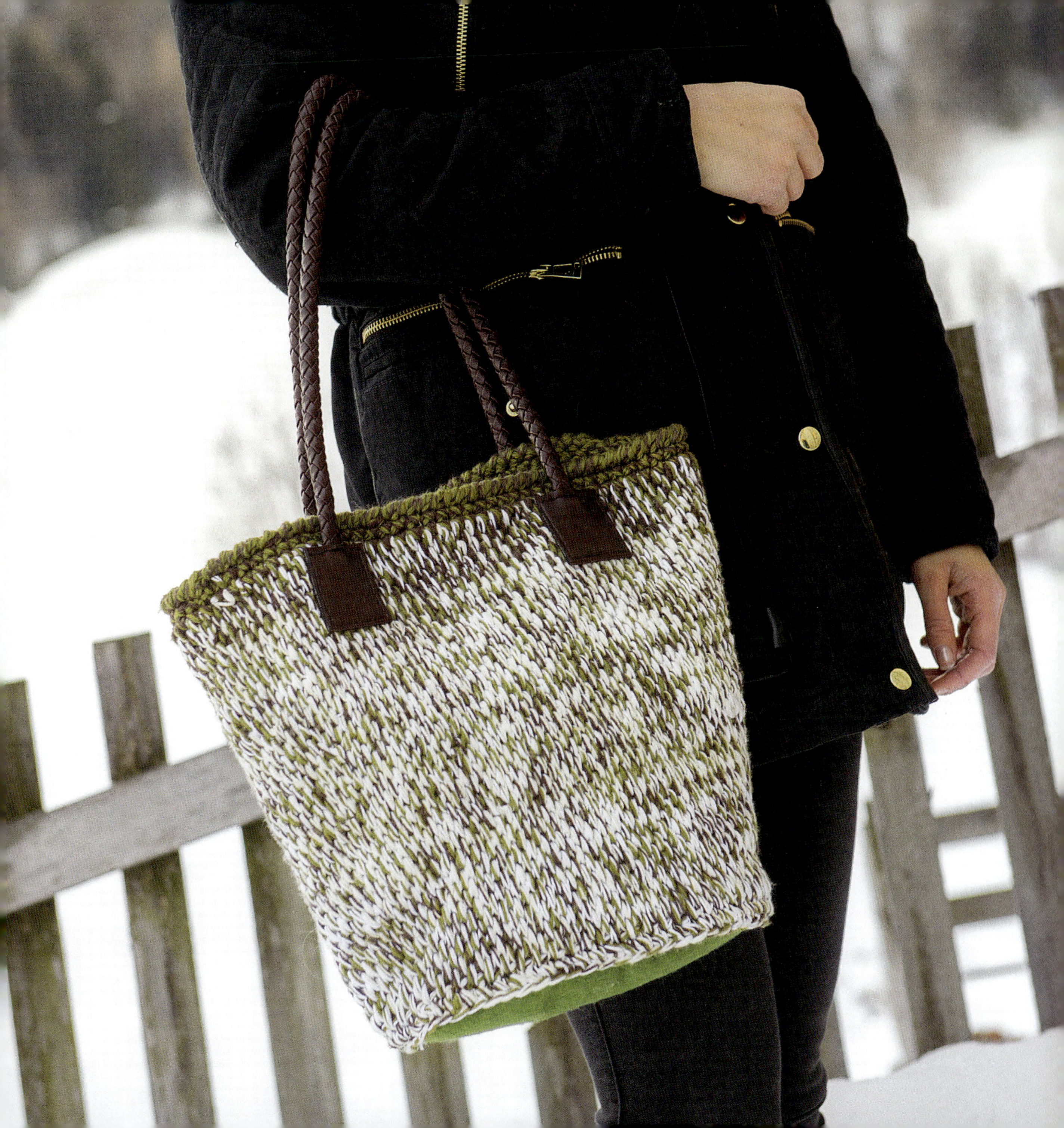

Gehäkelte Damenjacke mit Reverskragen

In der Größe 34/36

Material
500 g Wolle
Häkelnadel Nr. 3,5
6 Knöpfe + 2 Knöpfe für Revers
Muster: feste Maschen

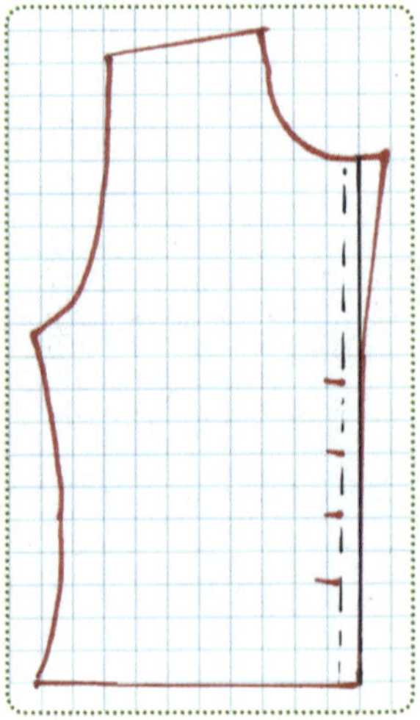

Skizze 1

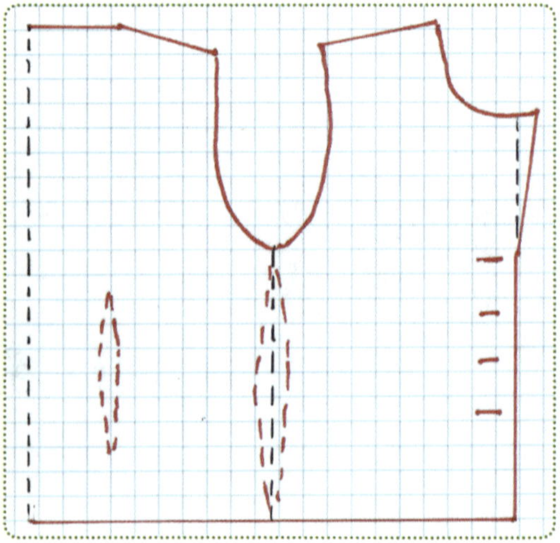

Skizze 2

Zeichnen Sie einen Schnitt nach der Anleitung auf Seite 56 ff.

Für den Reverskragen zeichnen Sie auf dem Schnitt bei der Linie der vorderen Mitte/Knopflochleiste, beginnend 5 cm unter dem Armloch und 4 cm von der vorderen Kante entfernt, eine Linie ein (Skizze 1). Zeichnen Sie als Schnitt den Vorderteil und den ½ Rückenteil zusammen auf ein Papier (Skizze 2).

Häkeln Sie den Rückenteil und die Vorderteile in einem Stück (Abb. 1).

Die beiden Ärmel werden auch nach dem Schnitt gehäkelt (Abb. 2).

Fertigstellen

Feuchten Sie alle Teile an und spannen Sie diese über Nacht. Nähen Sie die Teile an der Schulter zusammen.

Dafür legen Sie die Teile flach nebeneinander und nähen Sie sie mit dem Überwendlungsstich zusammen (Abb. 3).

Für den Kragen beginnen Sie bei der vorderen Mitte und häkeln um den Halsausschnitt zur anderen vorderen Mitte. Häkeln Sie dieses Stück ca. 7 cm hoch, wobei sie in der 3. und 5. Reihe in der hinteren Mitte 1 Masche zunehmen (Abb. 4+5).

Umhäkeln Sie die Jacke 1 Mal mit festen Maschen in der Jackenfarbe. Anschließend umhäkeln Sie die Jacken noch einmal mit einer Reihe festen Maschen in einer Kontrastfarbe und schließen mit einer Reihe Krebsmaschen ab (Abb. 6+7).

Nähen Sie die Ärmel zusammen und nähen Sie sie in die Jacke ein.

Zum Schluss vernähen Sie alle Fäden und nähen die Knöpfe an.

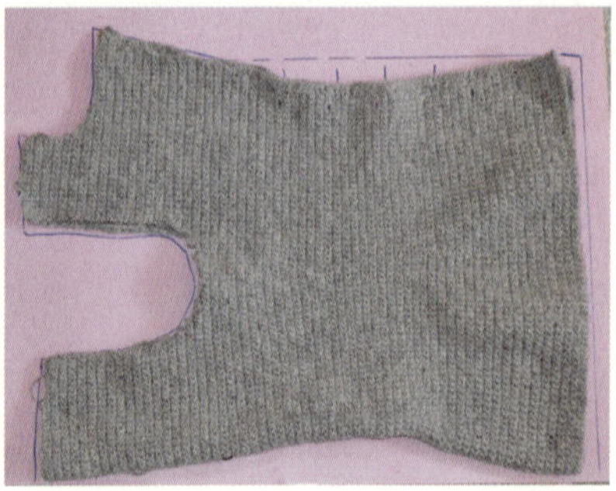

Abb. 1

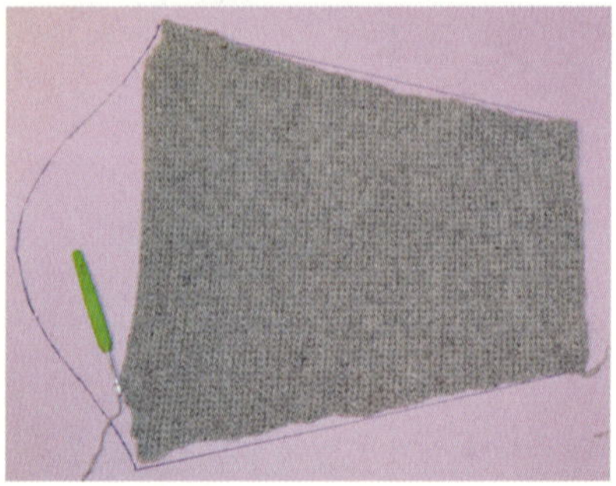

Abb. 2

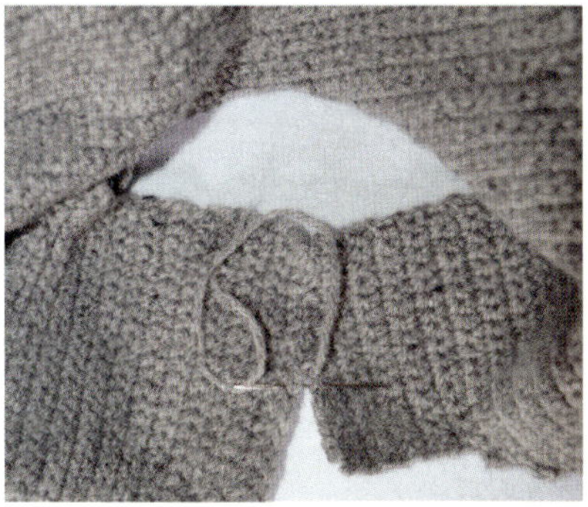

Abb. 3

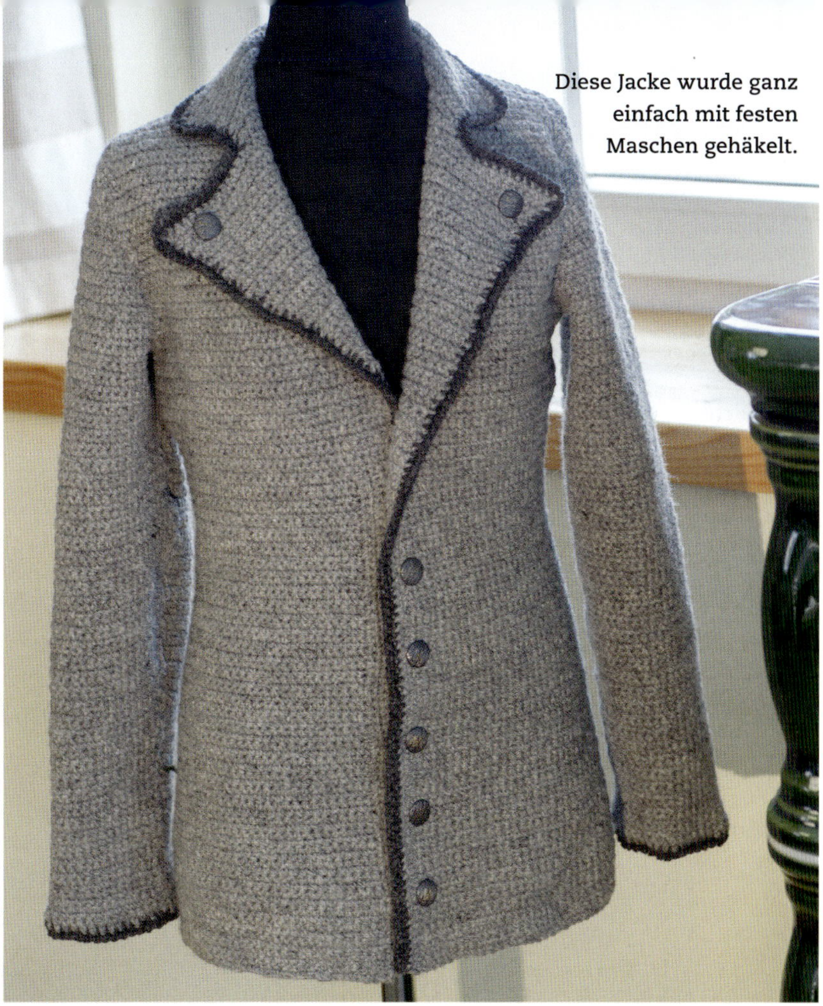

Diese Jacke wurde ganz einfach mit festen Maschen gehäkelt.

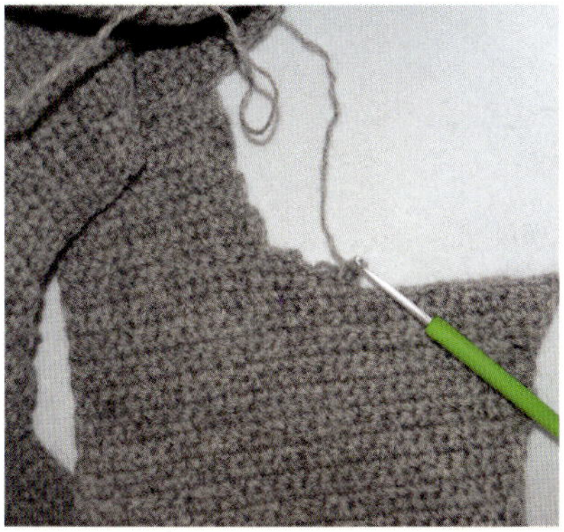

Abb. 4

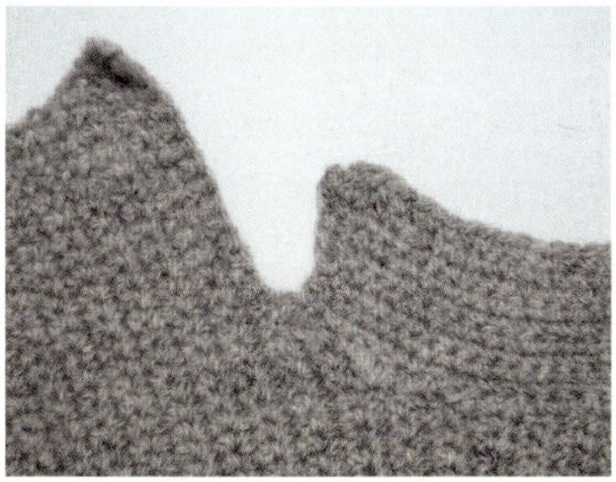

Abb. 5

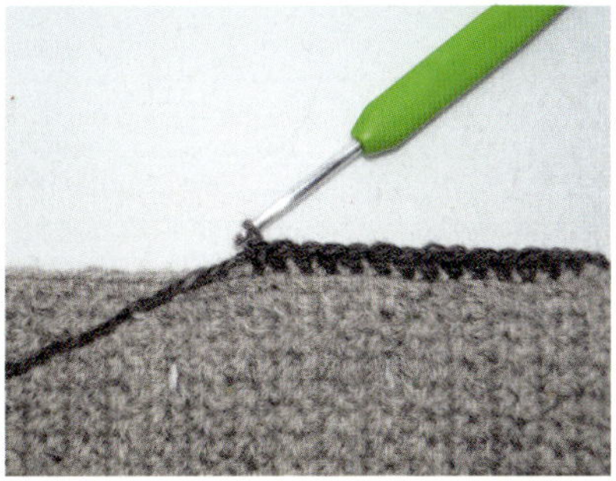

Abb. 6

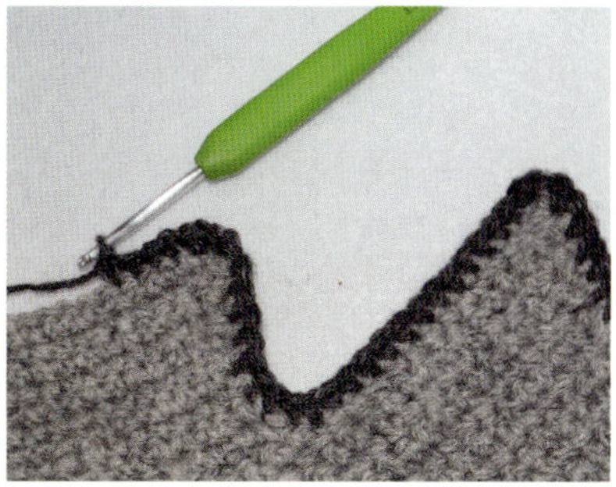

Abb. 7

Ärmellose Herrenweste

Material
450 g Wolle in Dunkelgrün
50 g Wolle in Hellgrün
Stricknadeln Nr. 3,5
Häkelnadel Nr. 3,5
9 Knöpfe

Zeichnen Sie einen Schnitt nach Ihren Maßen, wie auf Seite 56 ff. beschrieben ist, und nehmen Sie diesen immer als Vorlage.

Muster 1: Bund: 1 Masche rechts, 1 Masche links
Muster 2: glatt rechts: in den Hinreihen rechts, in den Rückreihen links stricken
Muster 3: Zopfmuster

Rückenteil

Schlagen Sie 137 Maschen an und stricken Sie 10 Reihen im Muster 1. Danach stricken Sie die mittleren 29 Maschen im Zopfmuster, die restlichen Maschen rechts und links im Muster 2. Nach insgesamt 40 cm ab Anschlag nehmen Sie beidseitig in jeder 2. Reihe folgende Maschenanzahl ab: 4 M, 3 M, 3 M, 2 M, 1 M, 1 M, 1 M, 1 M. Nach 25 cm ab Beginn des Armlochs ketten Sie für den Halsausschnitt die mittleren 19 Maschen ab und stricken die beiden Schultern einzeln fertig. Für die Rundung des Halsausschnittes ketten Sie noch 3 x 3 Maschen in jeder 2. Reihe beim Halsausschnitt ab. Die verbliebenen 34 Maschen ketten Sie für eine schöne Schulterschräge folgendermaßen ab: 11 M, 11 M, 12 M beginnend auf der Armlochseite.

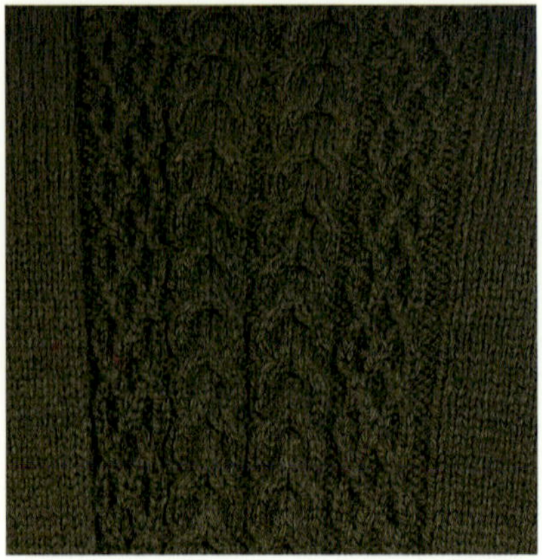

Zopfmuster

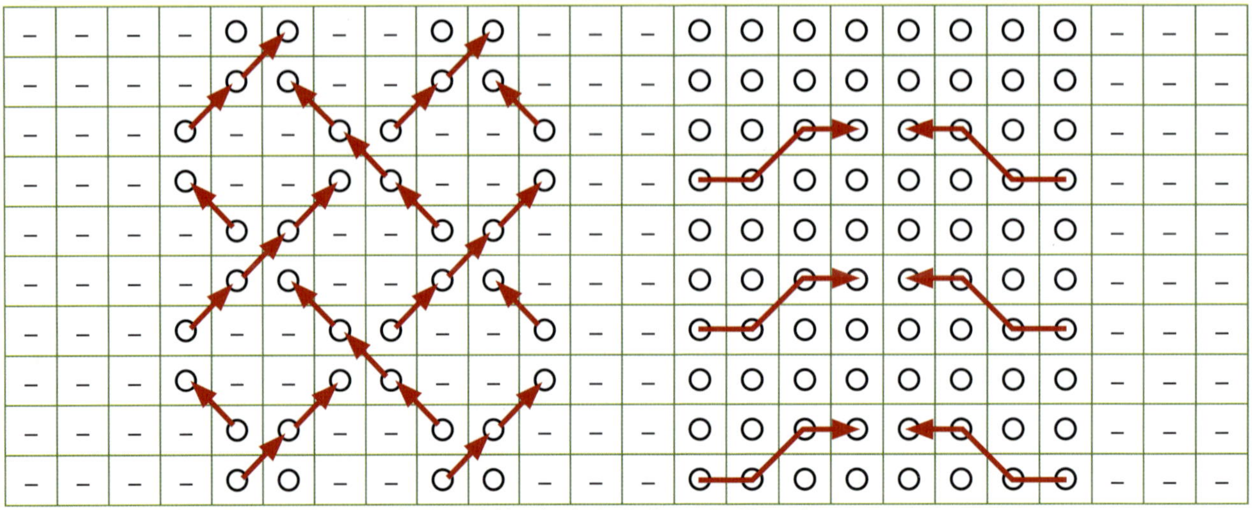

Zopfmuster: O = rechte Masche, – = linke Masche. Der Pfeil beschreibt die Richtung der Verzopfung. Die Rückreihen werden immer so gestrickt, wie die Maschen erscheinen.

Vorderteil

Schlagen Sie 68 Maschen an und stricken Sie 10 Reihen im Muster 1. Danach stricken Sie direkt nach der Randmasche bei der vorderen Mitte 24 Maschen im Zopfmuster und die restlichen Maschen im Muster 2. Nach 12 cm ab Anschlag arbeiten Sie die Taschen, wie auf Seite 48 ff. beschrieben, ein. Nach insgesamt 40 cm ab Anschlag nehmen Sie in jeder 2. Reihe folgende Maschenanzahl ab: 4 M, 3 M, 3 M, 2 M, 1 M, 1 M, 1 M, 1 M. Nach 17 cm ab Beginn des Armlochs ketten Sie für den Halsausschnitt noch folgende Maschenanzahl in jeder 2. Reihe ab: 6 M, 4 M, 4 M, 2 M, 1 M, 1 M. Die verbliebenen 34 Maschen ketten Sie für eine schöne Schulterschräge folgendermaßen ab: 11 M, 11 M, 12 M, beginnend auf der Armlochseite. Den 2. Vorderteil gegengleich stricken.

Fertigstellen

Feuchten Sie alle Teile an und spannen Sie diese über Nacht. Nähen Sie die Teile an der Seite und an der Schulter zusammen und umhäkeln Sie die vorderen Teile am Halsausschnitt sowie an den Armlöchern mit 1 Runde in Dunkelgrün. Ab nun häkeln Sie die Knopflochleiste und die Armlöcher in Hellgrün. Arbeiten Sie in der linken Knopflochleiste die Knopflöcher ein. Zum Schluss nähen Sie noch die Knöpfe an.

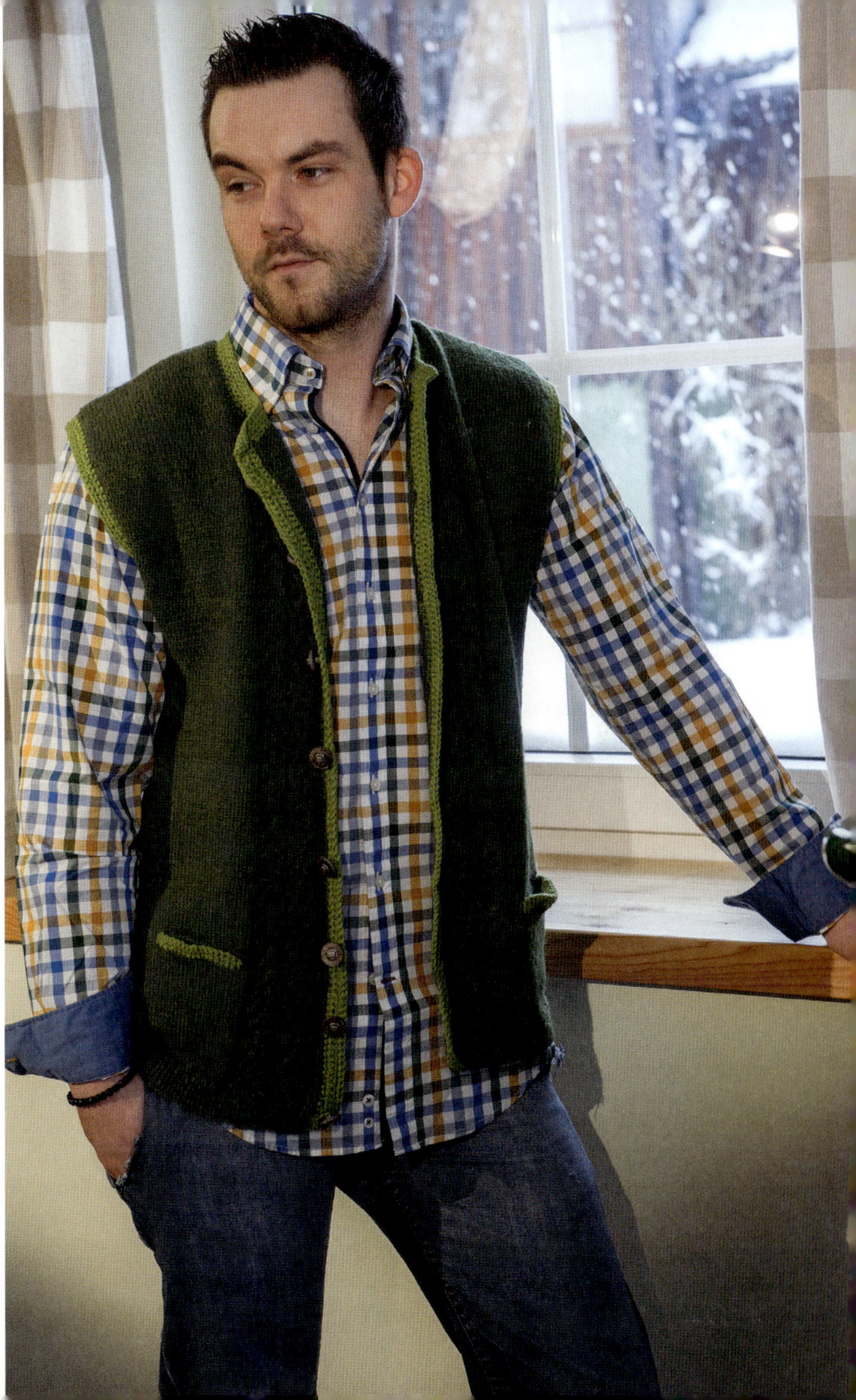

Schwarz-grauer Herrenpullover

In der Größe 48/50

Material
je 200 g Wolle in Schwarz, Anthrazit und Dunkelgrau
Stricknadeln Nr. 3,5
Rundstricknadel Nr. 3,5
Häkelnadel Nr. 3,5

Zeichnen Sie einen Schnitt nach Ihren Maßen, wie auf Seite 56 ff. beschrieben ist, und nehmen Sie diesen immer als Vorlage. Zeichnen Sie auf dem Schnitt auch die Farbwechsel ein.

Muster 1: Bund: 2 Maschen rechts, 2 Maschen links
Muster 2: links: in den Hinreihen links, in den Rückreihen rechts stricken
Muster 3: Perlmuster = 1 Masche rechts, 1 Masche links – in jeder Reihe versetzt
Farbreihenfolge: je ein Drittel schwarz, anthrazit, dunkelgrau

Rückenteil

Schlagen Sie 130 Maschen in Schwarz an und stricken Sie 16 Reihen im Muster 1. Stricken Sie anschließend im Muster 2 weiter. Nach insgesamt 40 cm ab Anschlag nehmen Sie für das Armloch beidseitig am Rand in jeder 2. Reihe folgende Maschenanzahl ab: 4 M, 3 M, 2 M, 1 M, 1 M, 1 M, 1 M. Nach 25 cm ab Beginn des Armlochs ketten Sie für den Halsausschnitt die mittleren 20 Maschen ab und stricken Sie die beiden Schultern einzeln fertig. Für die Rundung des Halsausschnittes ketten Sie noch 3 x 3 Maschen in jeder 2. Reihe ab. Die verbliebenen 34 Maschen ketten Sie für eine schöne Schulterschräge 3 x ab (11 M, 11 M, 12 M), beginnend auf der Armlochseite.

Vorderteil

Stricken Sie den Vorderteil bis zum Halssausschnitt gleich wie den Rückteil. Nach 3 cm ab Beginn des Armlochs ketten Sie für den Halsausschnitt die mittleren 12 Maschen ab und stricken die beiden Vorderteile bis zur Schulter einzeln fertig. Für die Schräge des Halsausschnitts wird noch 12 x (jede 6. Reihe) auf der Seite des Halsausschnittes 1 Masche zusammengestrickt. Die verbliebenen 34 Maschen ketten Sie für eine schöne Schulterschräge 3 x ab (11 M, 11 M, 12 M), beginnend auf der Armlochseite.

Ärmel

Schlagen Sie 40 Maschen in Schwarz an und stricken Sie 16 Reihen im Muster 1. Stricken Sie im Muster 2 weiter. Für die Ärmelschräge nehmen Sie beidseitig in jeder 10. Reihe 1 Masche zu (= 60 Maschen).

Für die Armkugel nehmen Sie beidseitig folgende Maschenanzahl ab: 3 M, 2 M, 2 M, 1 M, 5 x 0 M, 1 M, 1 M, 1 M, 1 M, 1 M, 2 M, 2 M, 3 M, 3 M, 4 M. Zum Schluss alle verbliebenen Maschen abketten.

Fertigstellen

Feuchten Sie alle Teile an und spannen Sie diese über Nacht. Nähen Sie die Teile an der Seite und an der Schulter zusammen und umhäkeln Sie den Halsausschnitt mit 1 Runde in Dunkelgrau, wobei die vorderen 12 Maschen frei bleiben, da der Kragen hier nur angenäht wird.

Kragen

Für den Kragen nehmen Sie aus den festen Maschen mit einer Rundstricknadel die Maschen auf und stricken im Muster 3 den Kragen. Dabei wird beidseitig in jeder 2. Reihe am Anfang nach der Randmasche 1 Masche zugenommen und im Musterverlauf eingebunden. Nach 9 cm alle Maschen sehr locker abketten. Nähen Sie die vorderen Kragenteile am Halsausschnitt (= vorderen 12 Maschen) an. Nun die Ärmel zusammennähen und in den Pullover einnähen.

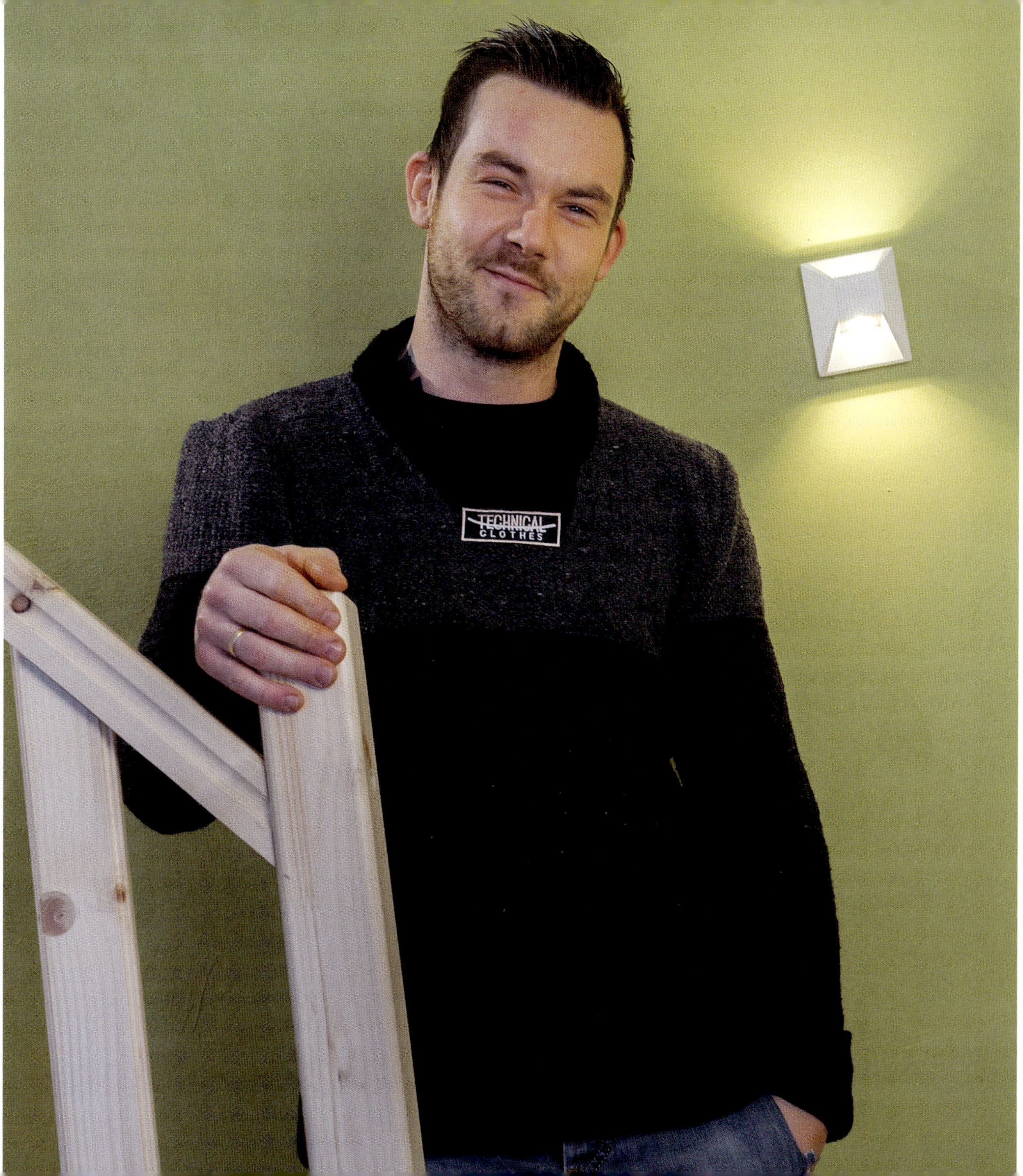
TECHNICAL
CLOTHES

Grundanleitung: Fäustlinge stricken

Die Anleitung bezieht sich auf Fäustlinge aus Schafwolle (50 g/125 m) mit Nadelstärke 3.

Ein Fäustling besteht aus 5 Teilen: **(Skizze 1)**

- Teil 1 – Bündchen
- Teil 2 – Daumenkeil
- Teil 3 – Mittelteil
- Teil 4 – Spitze
- Teil 5 – Daumen

Teil 1 – Bündchen

Die erforderliche Maschenanzahl anschlagen und das Bündchen in der angegebenen Höhe stricken. Die Höhe des Bündchens kann sich aber auch individuell nach den Bedürfnissen des Trägers richten. **(Abb. 1+2)**

Teil 2 Daumenkeil

Gleich nach dem Bündchen beginnen Sie mit dem Daumenkeil. Dafür nehmen Sie zwischen der 1. und 4. Nadel eine Masche zu. Ab nun nehmen Sie an dieser Stelle in jeder 2. Runde 2 Maschen laut Zeichnung zu, bis Sie die entsprechende Maschenanzahl laut Tabelle erreicht haben.

Nun die zugenommenen Maschen + 2 Maschen (je 1 Masche links und rechts) auf einer Sicherheitsnadel stilllegen. **(Skizze 2 und Abb. 3)**

Teil 3 Mittelteil

Für den Daumensteg (Verbindung zwischen der 4. und 1. Nadel) schlagen Sie die angegebene Zahl an Maschen wieder an und stricken in Runden bis zur Spitze. **(Abb. 4+5)**

Teil 4 Spitze

Für die Spitze stricken Sie am Anfang der 1. Nadel, am Ende der 2. Nadel, am Anfang der 3. Nadel und am Ende der 4. Nadel in jeder Runde 2 Maschen zusammen, bis nur mehr ca. 12 Maschen auf den Nadeln sind. Schneiden Sie den Faden ab und nähen Sie die Maschen abwechselnd von der vorderen und der hinteren Nadel zusammen. **(Abb. 6–8)**

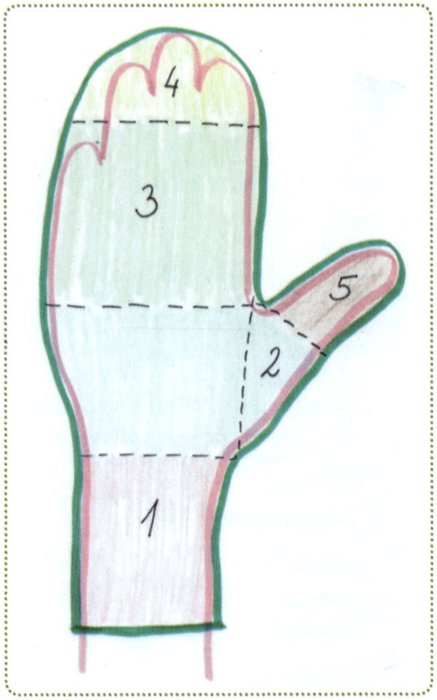

Skizze 1

Teil 5 Daumen

Für den Daumen geben Sie die Maschen von der Sicherheitsnadel auf eine Stricknadel und stricken aus dem restlichen Daumenloch noch die erforderlichen Maschen laut Maßtabelle heraus. Stricken Sie für den Daumen (mit nur 3 Nadeln) die erforderliche Rundenanzahl. Für das Daumenkäppchen stricken Sie am Anfang jeder Nadel 2 Maschen zusammen, bis nur mehr 6 Maschen auf den Nadeln sind. Den Faden abschneiden und damit alle Maschen zusammenziehen.

Alle Fäden vernähen. **(Abb. 9–12)**

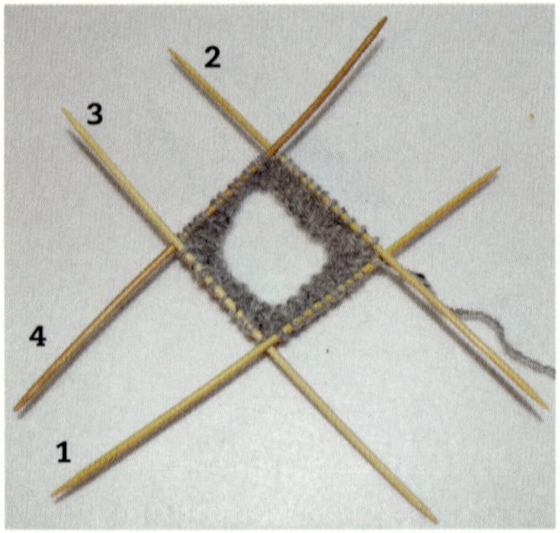

Abb. 1

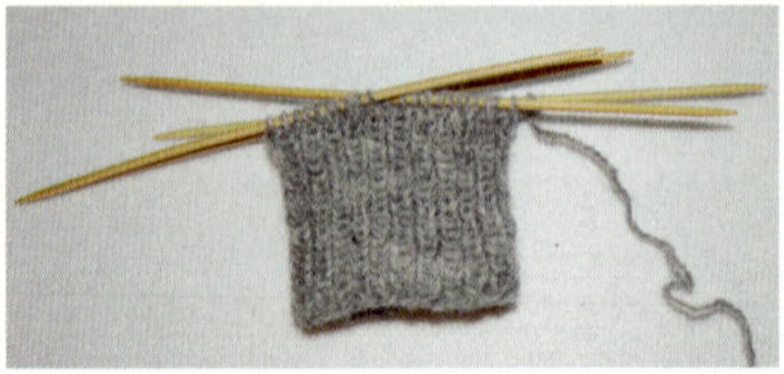

Abb. 2

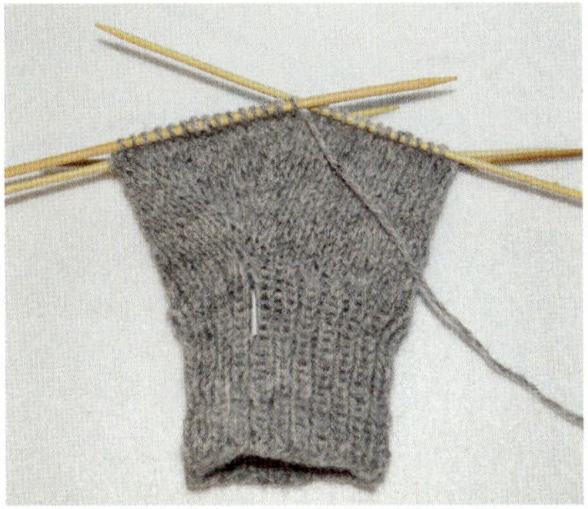

Abb. 3

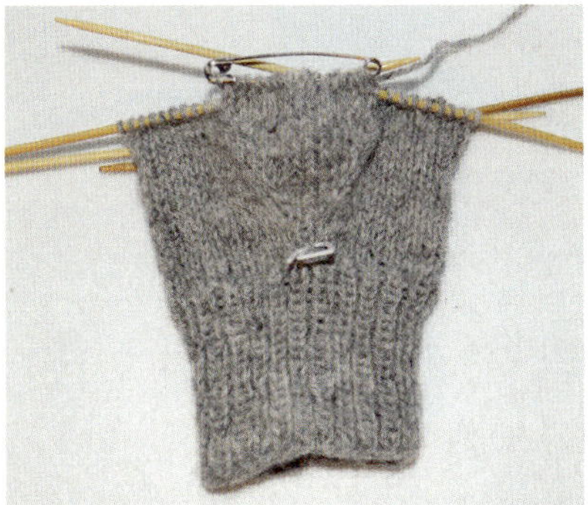

Abb. 4

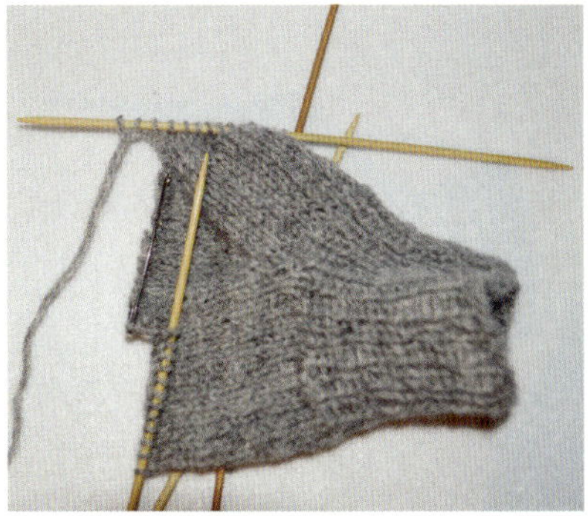

Abb. 5

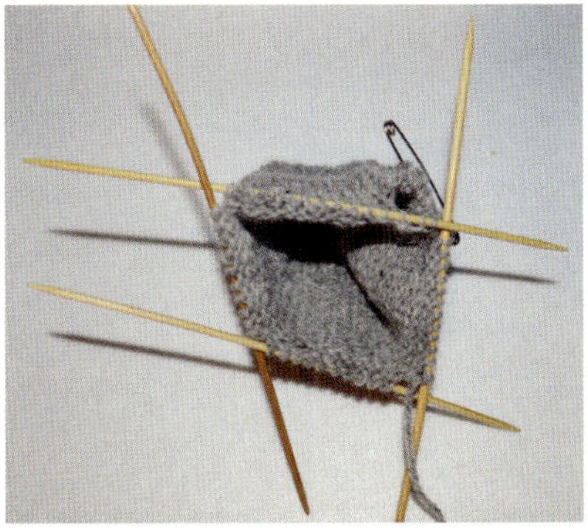

Abb. 6

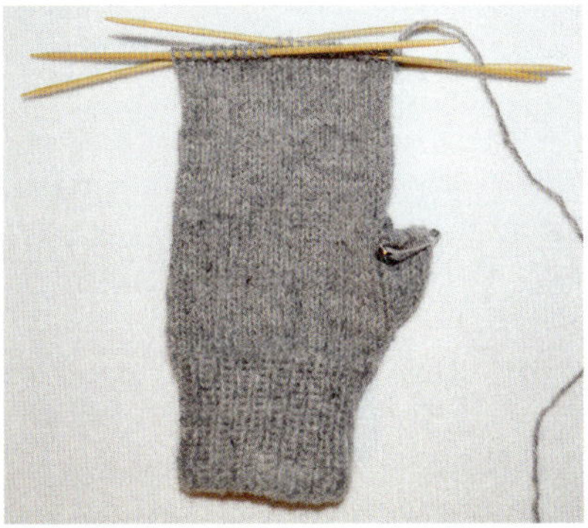

Abb. 7

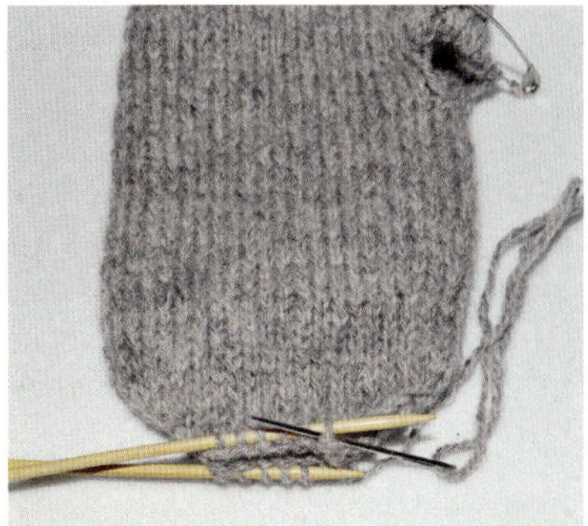

Abb. 8

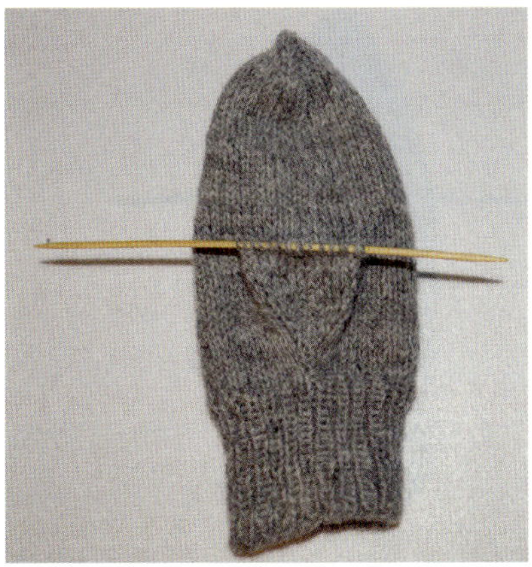

Abb. 9

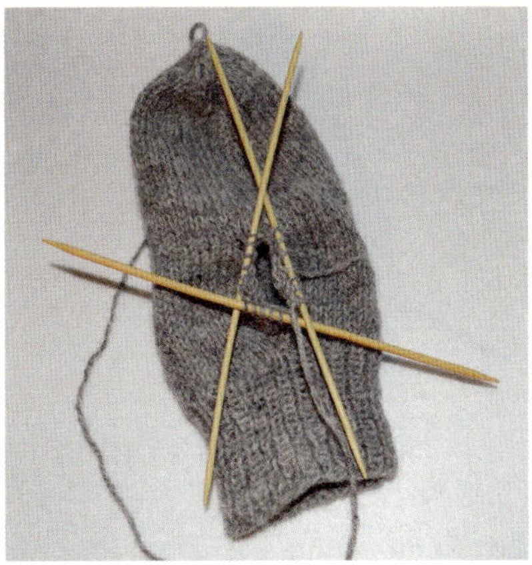

Abb. 10

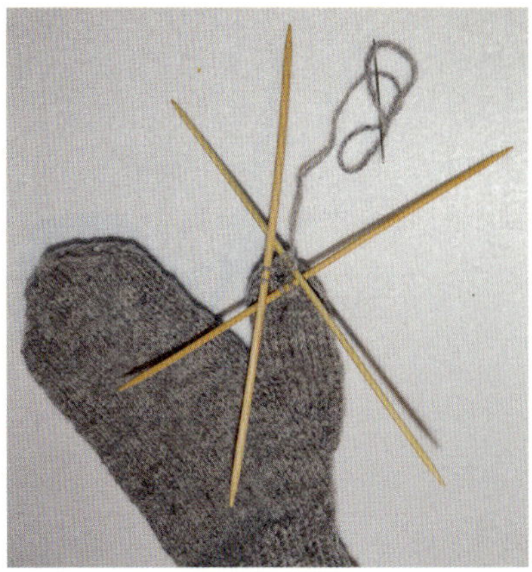

Abb. 11

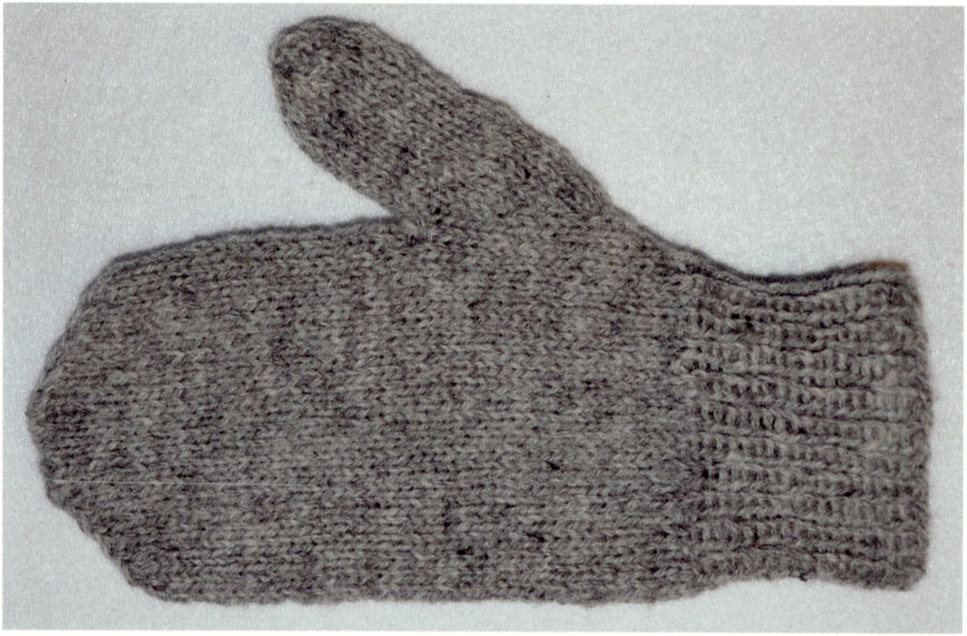

Abb. 12

Skizze 2: Daumenkeil

○	○	○	○	○	○	○	○	○	○	○	○	○
∧	○	○	○	○	○	○	○	○	○	○	○	∧
	○	○	○	○	○	○	○	○	○	○	○	
	∧	○	○	○	○	○	○	○	○	○	∧	
		○	○	○	○	○	○	○	○	○		
		∧	○	○	○	○	○	○	○	∧		
			○	○	○	○	○	○	○			
			∧	○	○	○	○	○	∧			
				○	○	○	○	○				
				∧	○	○	○	∧				
					○	○	○					
					∧	○	∧					
						○						
						∧						

○ = rechte Masche

∧ = Maschenzunahme

Maßtabelle Handschuhe

	Baby			Kinder			Damen			Herren		
Handschuhgröße	0	1	2	3	4	5	6	7	8	9	10	11
Handlänge cm	9	10	12	13	14	16	17	18	20	21	22	23
Handumfang cm	11	12	13	14	15	16	18	19	21	23	24	26
Anschlag Maschen Bündchen	22	24	26	28	30	32	36	38	42	46	48	52
Runden Bündchen	15	15	15	18	20	25	30	30	32	35	38	40
Daumenkeil Maschen	--	--	5	5	7	9	11	13	15	17	19	21
Daumenkeil Runden	--	--	8	10	12	14	16	18	20	22	24	26
Daumensteg	--	--	1	1	1	2	2	2	2	3	4	5
Daumen Maschen	--	--	10	10	12	12	14	16	18	20	22	24
Daumen Runden bis Beginn Spitze	--	--	8	9	10	11	12	13	14	16	18	20

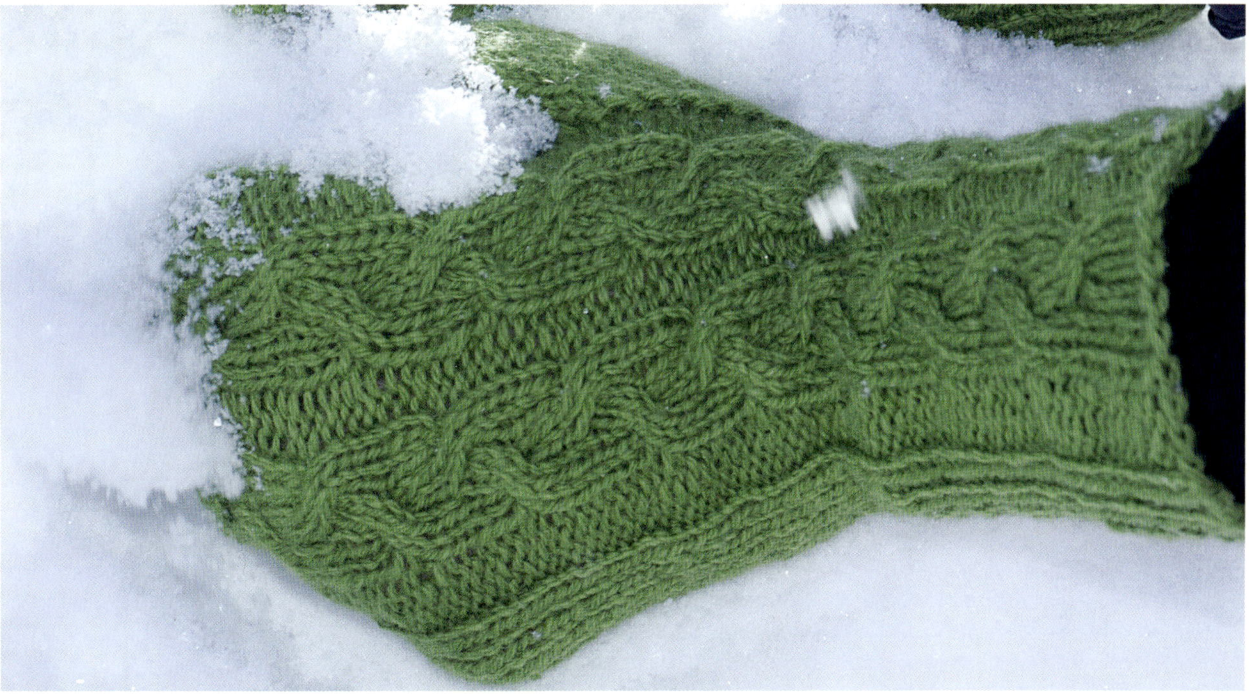

Schritt für Schritt: Weste mit perfekter Passform

Die einfachste Weise, eine Weste oder auch einen Pullover herzustellen, ist „Stricken bzw. Häkeln nach Schnitt".

Jede (Hobby-)Schneiderin macht sich vor Beginn der Arbeit für das Projekt einen Schnitt!

Auch beim Stricken bzw. Häkeln nach Schnitt wird das so gehandhabt.

1. Finden der richtigen Größe

Messen Sie Ihre Maße nach der Skizze ab oder nehmen Sie ein – Ihnen gut passendes – Kleidungsstück aus Ihrer Garderobe und vergleichen Sie die Maße mit den angegebenen Maßen auf S. 54 f. (oft variieren ein und dieselbe Kleidergröße um mehrere Zentimeter).

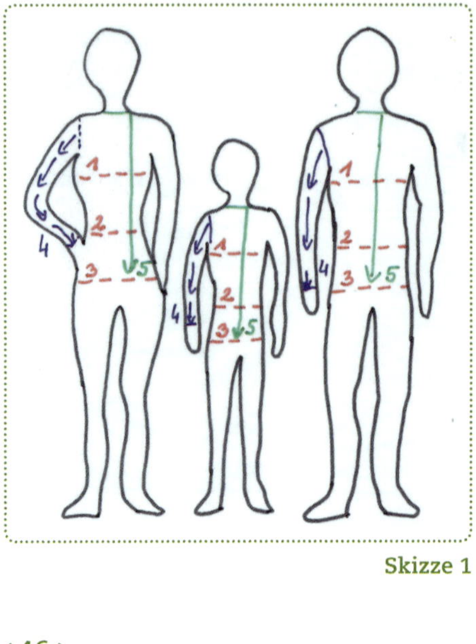

Skizze 1

Bei jeder Anleitung in jedem Handarbeitsheft ist ebenso ein Schnitt abgebildet.

An diesem Schnitt sind sämtliche wichtige Maße eingezeichnet – meist in mehreren Größen. **(Skizze 1)**

1 = Brustumfang
2 = Taillienumfang
3 = Hüftumfang
4 = Ärmellänge
5 = Westen-/Pulloverlänge

2. Die Auswahl des Modells

Nun sollten Sie sich festlegen, ob sie ein figurbetontes oder ein weites Kleidungsstück machen möchten.

3. Schnittzeichen (siehe S. 56 ff.)

Nehmen Sie einen Bogen Packpapier oder Ähnliches und zeichnen Sie den Schnitt, wie vorgegeben – nach ihren Maßen – nach. **(Abb. 1–3)**

Dazu beginnen Sie mit der Grundlinie am unteren Rand.

Danach die rückwärtige oder vordere Mitte. Von diesen zwei Linien zeichnen Sie alle weiteren Linien ein.

> **Tipp**
> Bedenken Sie, dass bei allen Schnittzeichenmaßen ein Bequemlichkeitszuschlag von ca. 5–10 % dazukommen sollte (nur in der Weite – nicht in der Länge!).

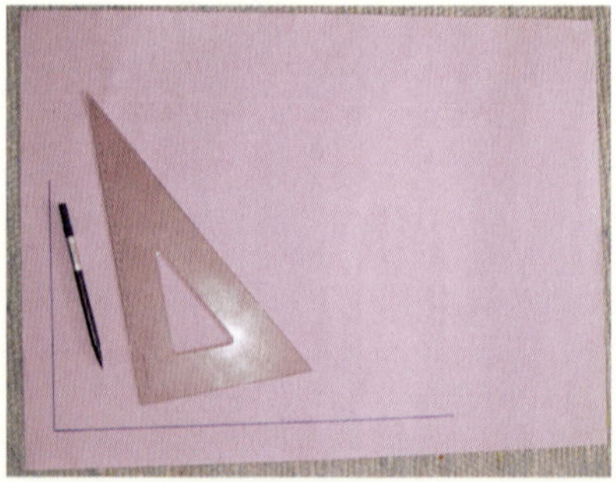

Abb. 1

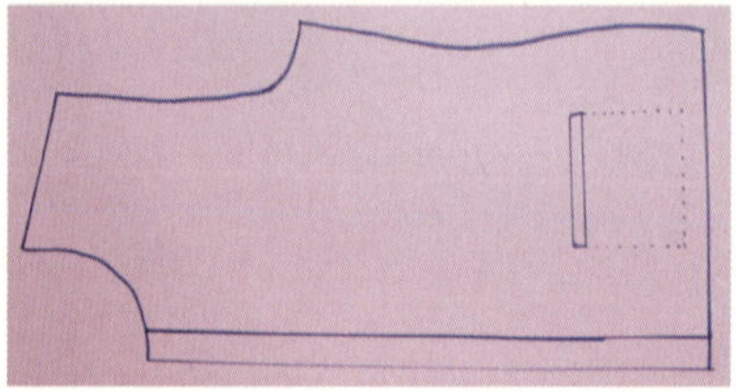

Abb. 2

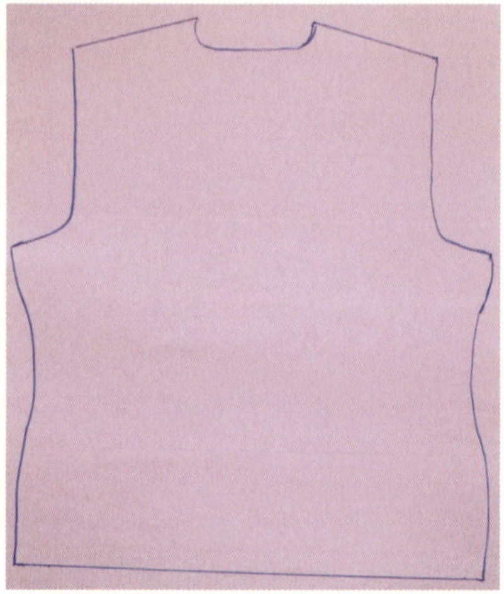

Abb. 3

Sollten Sie ein Kleidungsstück haben, das vom Schnitt genau gleich ist, wie das neue sein soll, zeichnen Sie einfach dieses Stück ab. Dafür falten Sie das Papier in der Mitte und legen den Rückenteil so hin, dass die Mitte genau auf der gefalteten Linie des Papiers liegt. Dann zeichnen Sie die Konturen nach. (Abb. 4)

Pausen Sie die zweite Seite durch und klappen den Schnitt auseinander – zur Kontrolle messen Sie noch einmal die Maße nach und korrigieren Sie den Schnitt gegebenenfalls noch einmal. Verfahren Sie mit dem Ärmel auf die gleiche Weise. (Abb. 5+6)

4. Die Maschenprobe (Abb. 7)

Besonders wichtig ist nun die Maschenprobe. Dazu schlagen Sie mit der Wolle ihres Projektes 20 Maschen an und strichen bzw. häkeln ca. 5 cm. Beim gestrickten Teil nehmen Sie die Nadeln heraus.

Messen Sie den gestrickten bzw. gehäkelten Teil ab und schreiben die Maße und Maschen auf. Anhand dieser Maße können Sie nun alle

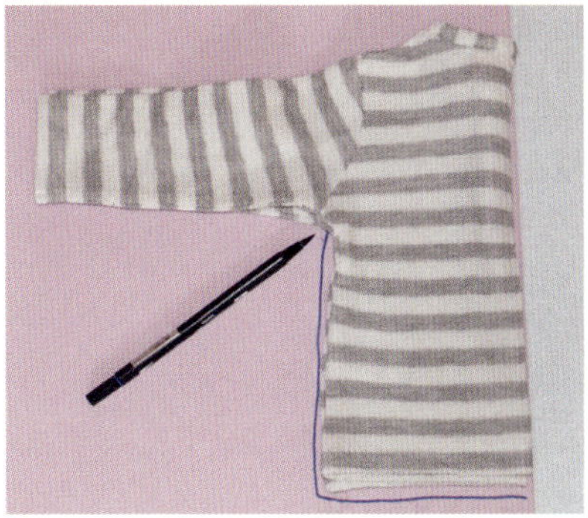

Abb. 4

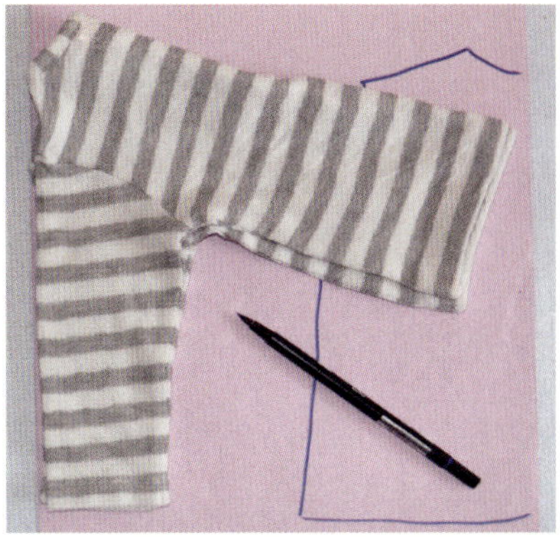

Abb. 5

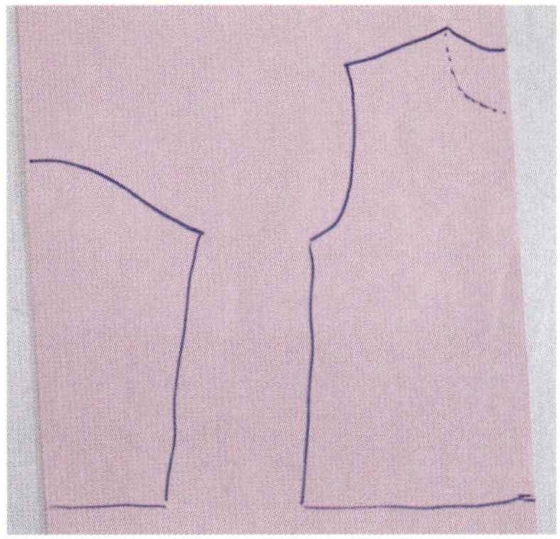

Abb. 6

Skizze 2

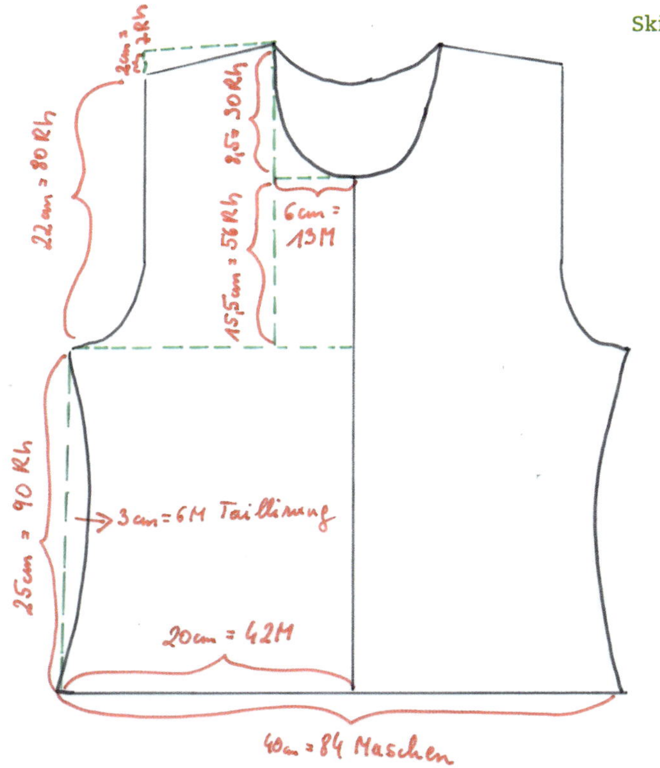

wichtigen Maschen- und Reihenanzahlen „errechnen". Tragen Sie auf Ihrem Schnitt gleich die errechneten Maschen- und Reihen bzw. Rundenanzahlen ein. Dadurch ersparen Sie sich beim Arbeiten viel Herumrechnerei. **(Skizze 2)**

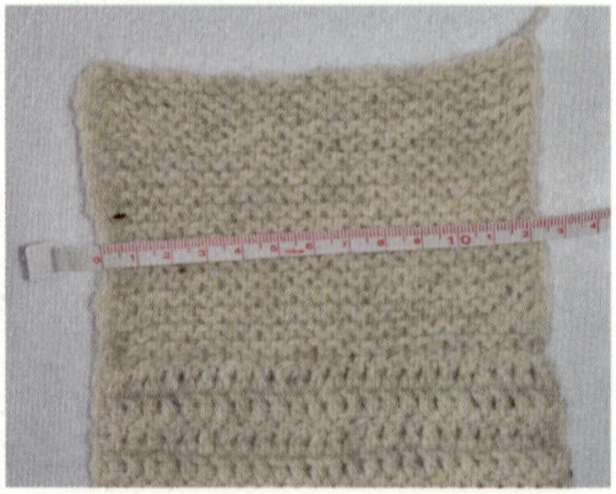

Abb. 7

12 cm = 25 Maschen
5 cm = 18 Reihen
1 cm = 2,08 Maschen
1 cm = 3,6 Reihen taillieren

Hier wird in weiterer Folge nur mehr das Stricken erklärt – beim Häkeln verhält es sich ganz gleich.

5. Stricken beginnen (Abb. 8–12)

Die errechnete Maschenanzahl anschlagen und nach Schnitt stricken. Zur Kontrolle immer wieder auf den Schnitt legen.

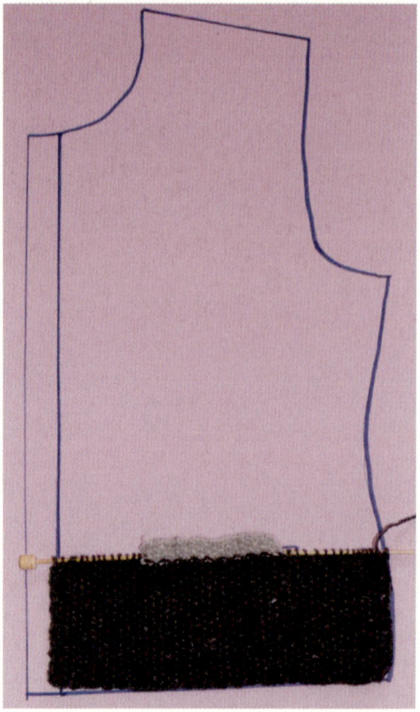

Abb. 8

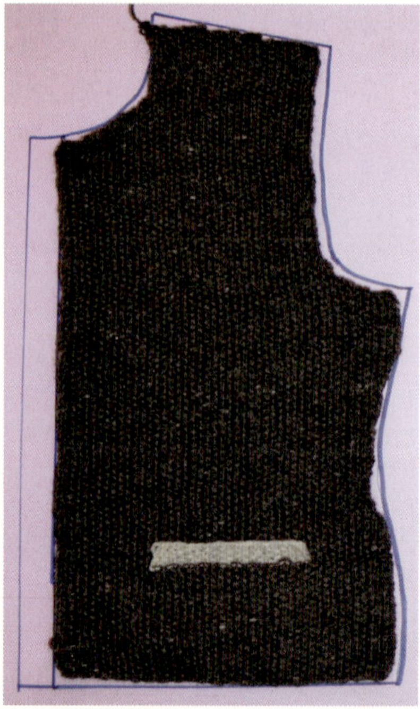

Abb. 9

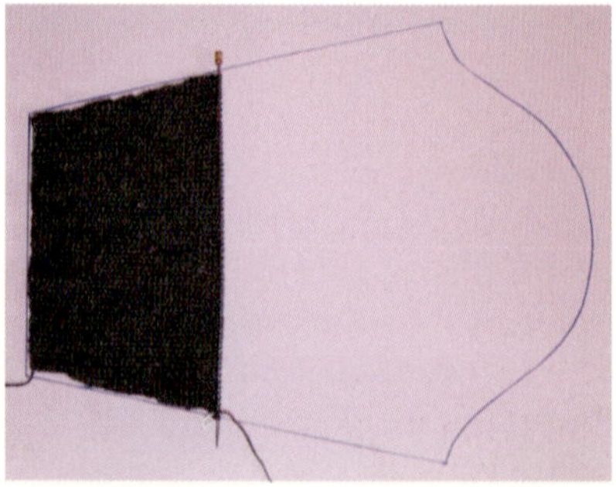

Abb. 10

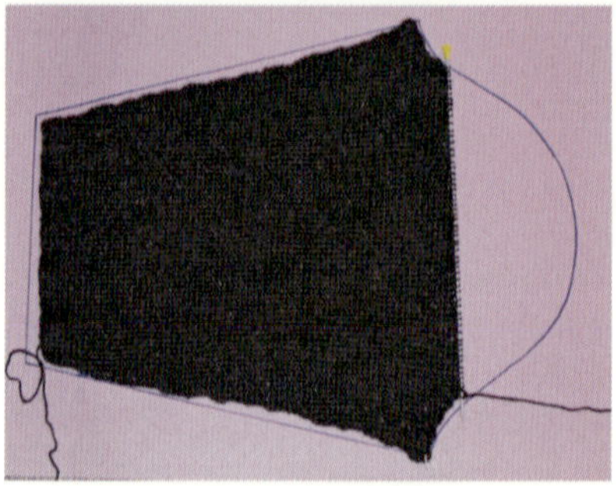

Abb. 11

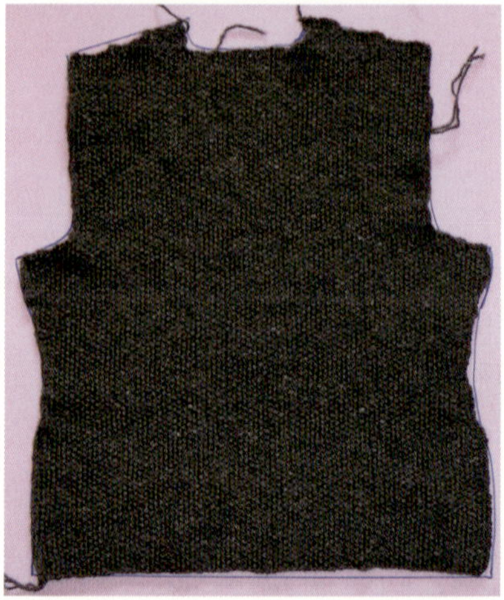

Abb. 12

6. Alle Fäden vernähen und die Teile zusammennähen

Nähen Sie die Teile mit einem gleichfärbigen Nähfaden oder Zwirn mit dem Rückstich zusammen. Dies ist viel schöner als mit der (dicken) Wolle. **(Abb. 13)**

Oder nähen sie die Teile mit der Nähmaschine zusammen. Ein einfacher gerader Stich reicht völlig aus. **(Abb. 14)**

Stecken Sie den Ärmel zuerst mit Stecknadeln fest, bevor Sie ihn einnähen. **(Abb. 15)**

7. Fertig ausarbeiten

Wenn Sie eine Knopflochleiste, Stickereien oder Ähnliches vorgesehen haben, werden diese jetzt gemacht. **(Abb. 16)**

Eingestrickte Tasche

Stricken Sie das Vorderteil laut Schnitt bis zur eingezeichneten Stelle. Für die Blende stricken Sie 4 Reihen nur die dafür vorgesehenen Maschen in der zweiten Farbe und ketten diese ab. **(Abb. 1–8, 16)**

Stricken Sie mit der zweiten Farbe die Tasche genau nach Schnitt mit der gleichen Maschenanzahl, wie Sie die Blende gestrickt haben. **(Abb. 17)**

Legen Sie die neu gestrickte Tasche auf Ihr Werkstück und stricken den Vorderteil im begonnenen Muster weiter. **(Abb. 18–21)**

Nähen Sie die Blende mit dem verwendeten Faden außen fest. Zum Festnähen der Taschen innen verwenden Sie einen Faden in der Farbe des Vorderteils. **(Abb. 22+23)**

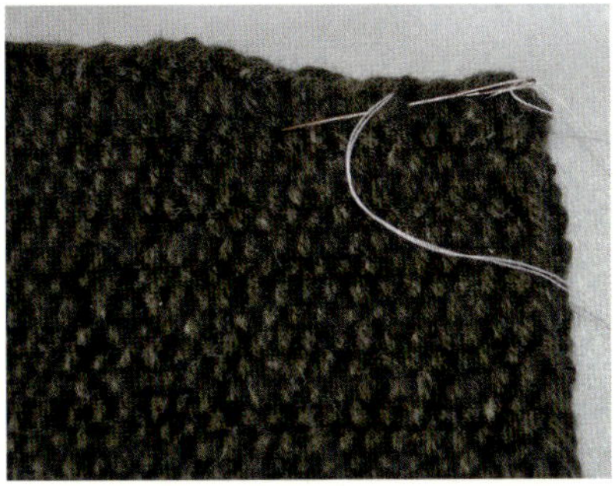

Abb. 13

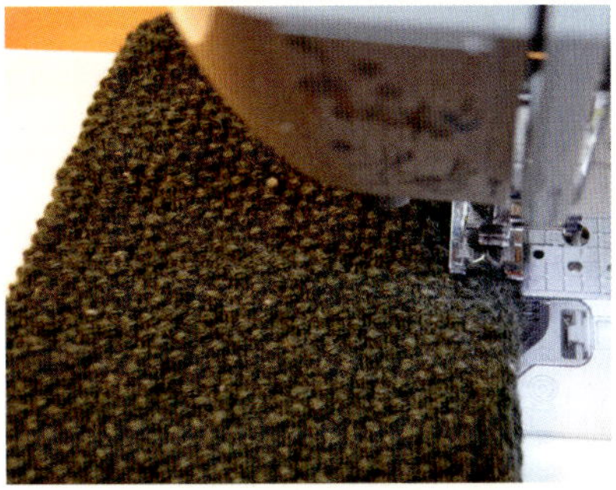

Abb. 14

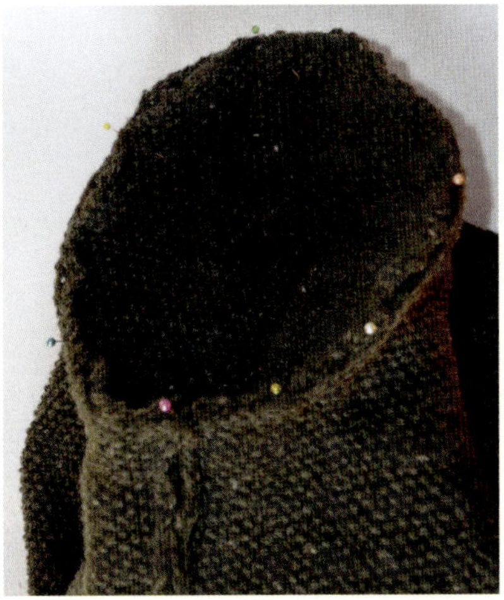

Abb. 15

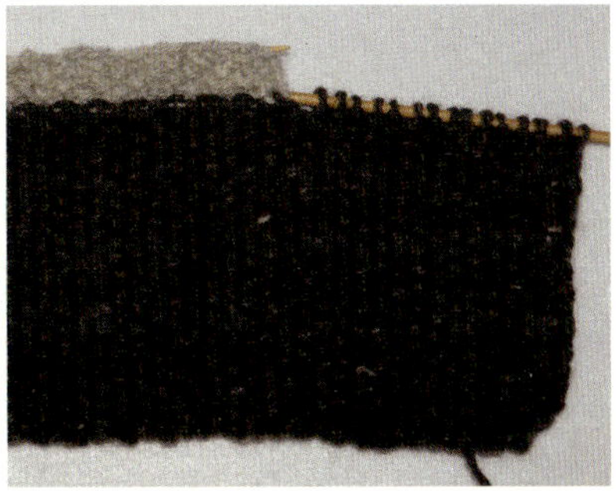

Abb. 16

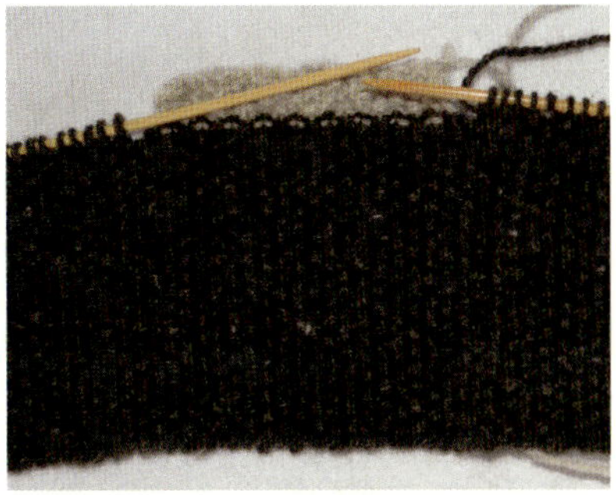

Abb. 17

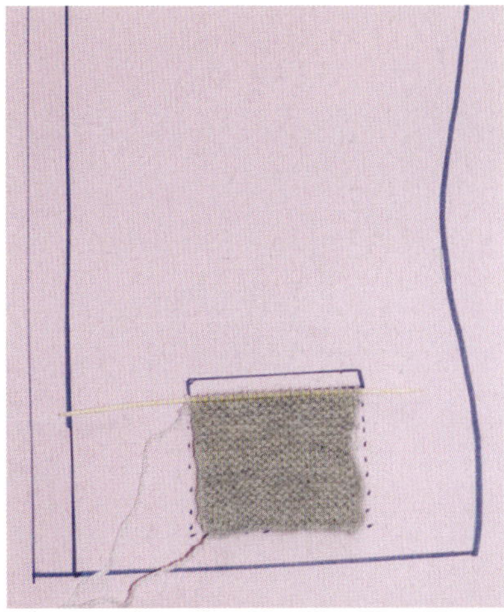

Abb. 18

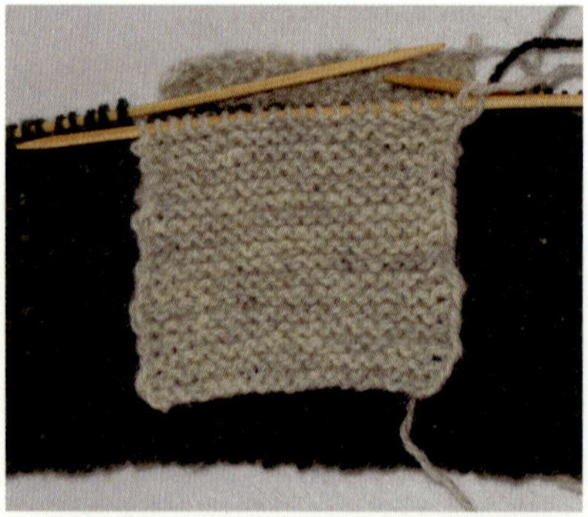

Abb. 19

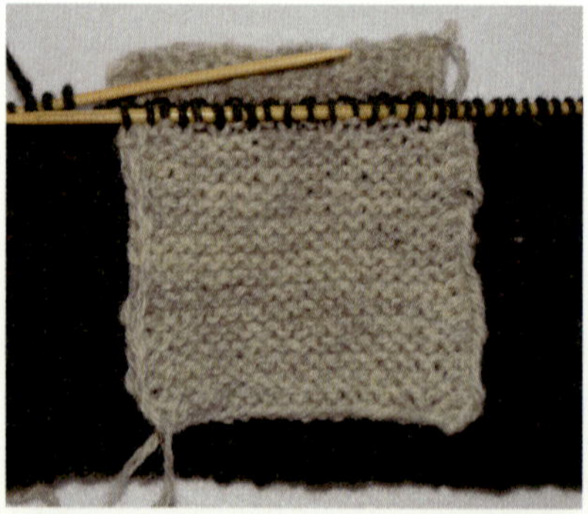

Abb. 20

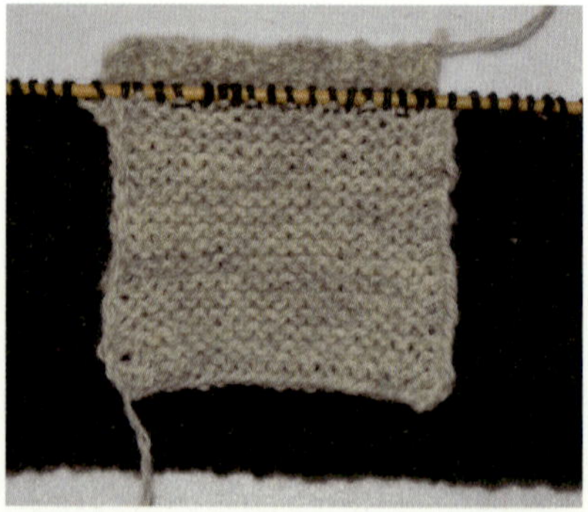

Abb. 21

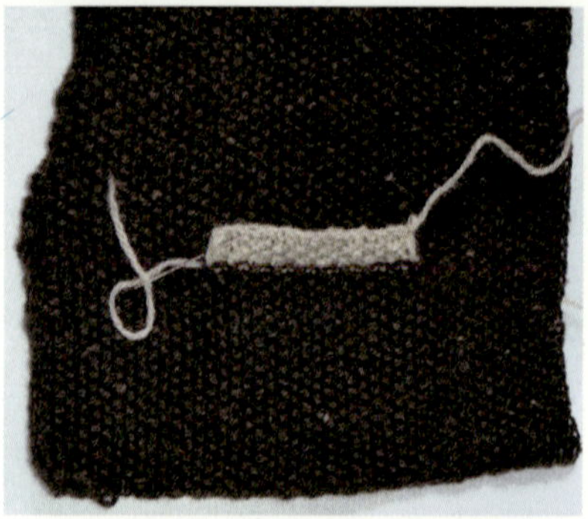

Abb. 22

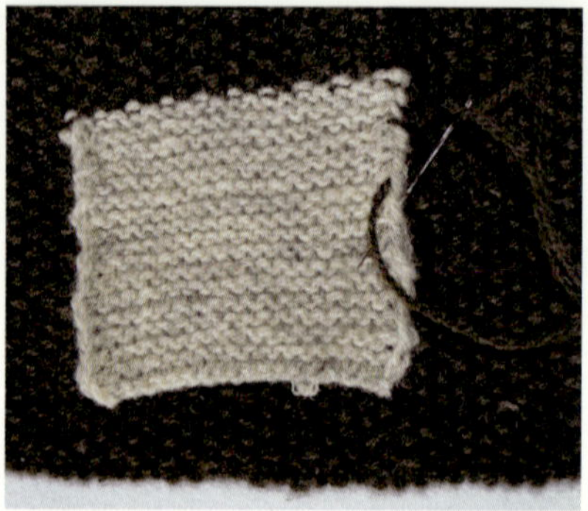

Abb. 23

Grundanleitung: Knopflochleiste

Sie können die Knopflochleiste in verschiedenen Varianten machen. Eine Knopflochleiste besteht immer aus einem Ober- und einem Untertritt. Das Knopfloch ist am Obertritt, die Knöpfe befinden sich am Untertritt. Damen und Herrenbekleidung sind immer gegensätzlich geknöpft. Damenknopflöcher befinden sich auf der rechten Seite, Herrenknopflöcher auf der linken Seite.

Ich empfehle Ihnen, die Knopflöcher schon im Schnitt einzuzeichnen.

Variante 1: Mitgestrickte Knopflochleiste

Stricken Sie gleich beim Vorderteil die Knopflochleiste mit. Dazu eignet sich am besten ein Perlmuster (1 Masche rechts, 1 Masche links, jede Reihe versetzt). (Abb. 1)

Variante 2: Mitgestrickte Knopflochleiste und anschließend umhäkelt

Hier wurde kraus rechts bis zum Rand gestrickt und der vordere Rand mit dem Halsausschnitt zuerst mit einer Reihe feste Maschen und dann mit einer Reihe Krebsmaschen umhäkelt (Abb. 2).

Variante 3: Doppelte, mitgestrickte Knopflochleiste

Bei dieser Variante wird die Knopflochleiste 2 x gestrickt und anschließend umgenäht.

Für die Knopflochleiste wird folgende Maschenfolge gestrickt:

Vorderseite: 1 Randmasche, 6 Maschen links, 1 Masche rechts, 7 Maschen links, 1 Masche rechts, anschließend das Muster. Die Rückseite gegengleich. (Abb. 3)

Ebenso muss das Knopfloch auf beiden Teilen der Leiste gearbeitet werden. Dafür jeweils die mittleren 3 Masche abketten und in der nächsten Reihe wieder anschlagen. (Abb. 4)

Die Leiste nach innen umbiegen und mit einem gleichfarbigen Nähgarn niedernähen. (Abb. 5)

Mit dem gleichen Nähgarn „die beiden Knopflöcher" zusammennähen. (Abb. 6+7)

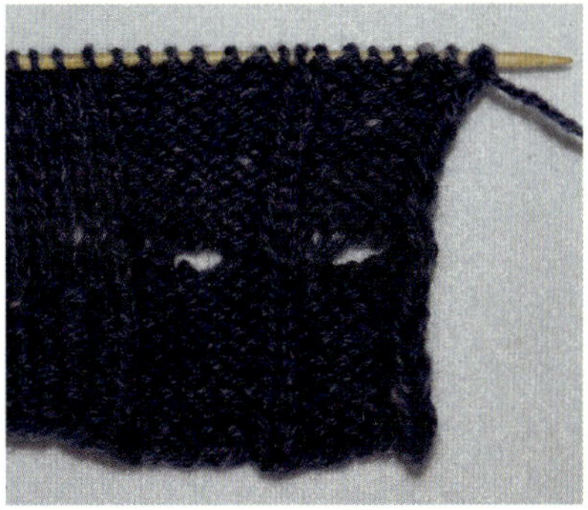

Abb. 3

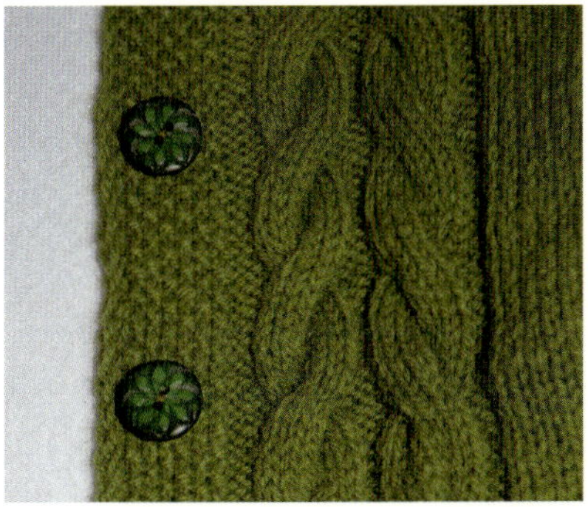

Abb. 1

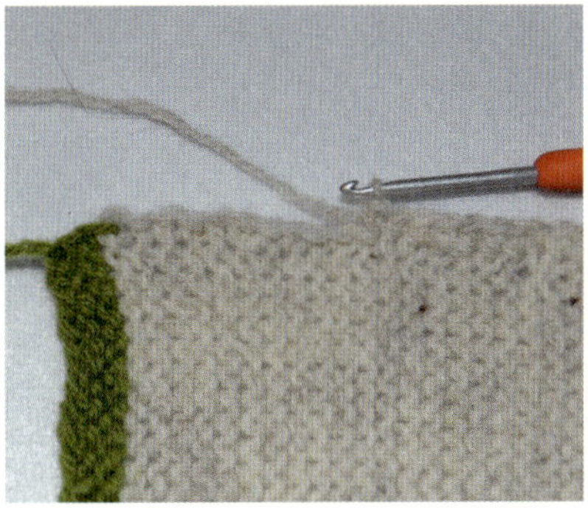

Abb. 2

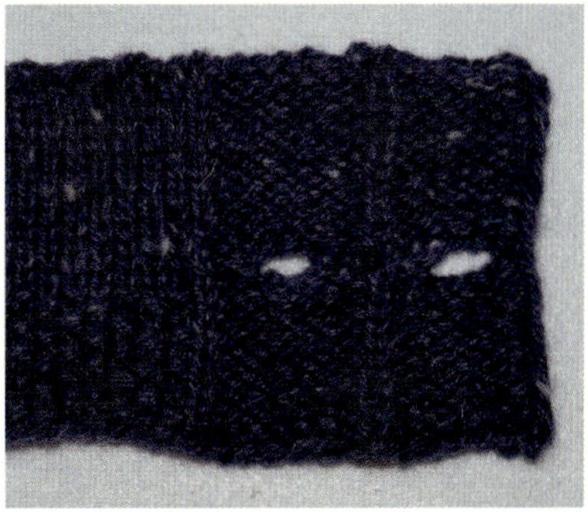

Abb. 4

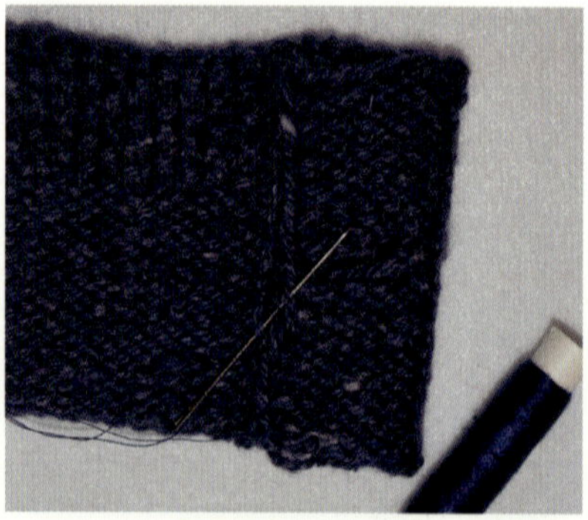

Abb. 5

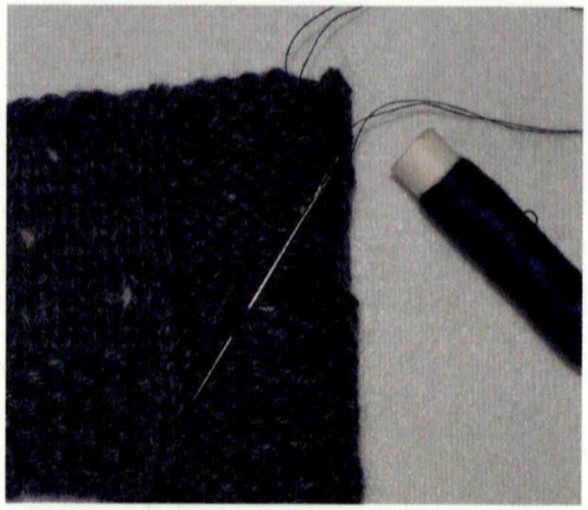

Abb. 6

Variante 4: Angestrickte Knopflochleiste

Umhäkeln Sie zuerst den ganzen Rand mit einer Runde feste Maschen in der gleichen Farbe wie die gestrickte Weste. **(Abb. 8+9)**

Stricken Sie aus jeder festen Masche 1 Masche heraus **(Abb. 10)** bis zum Halsausschnitt. **(Abb. 11)**

Für die Knopflöcher – je nach Größe des Knopfes – 2 oder 3 Maschen abketten **(Abb. 12)** und in der nächsten Reihe wieder anschlagen. **(Abb. 13)** Beide Knopflochleisten bis zum Halsausschnitt fertig stricken. **(Abb. 14)**

Für den Halsausschnitt ebenfalls aus jeder festen Masche eine Masche herausstricken. **(Abb. 15+16)**

Wenn Sie es ganz schön haben wollen, können Sie die Knopflöcher noch mit einem gleichfarbigen Nähgarn nachnähen. **(Abb. 17)**

Fertig ist der Halsausschnitt. **(Abb. 18)**

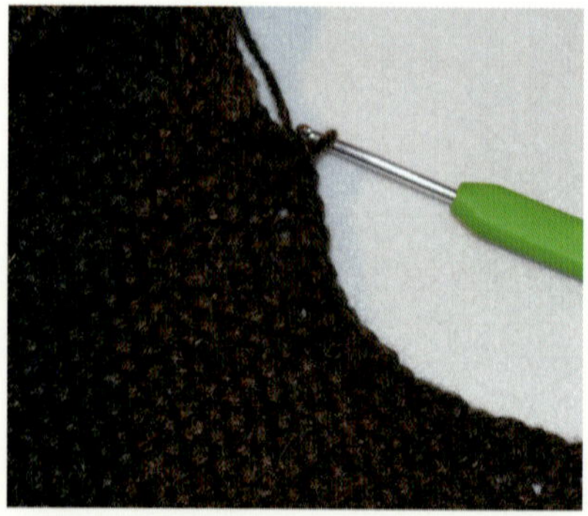

Abb. 9

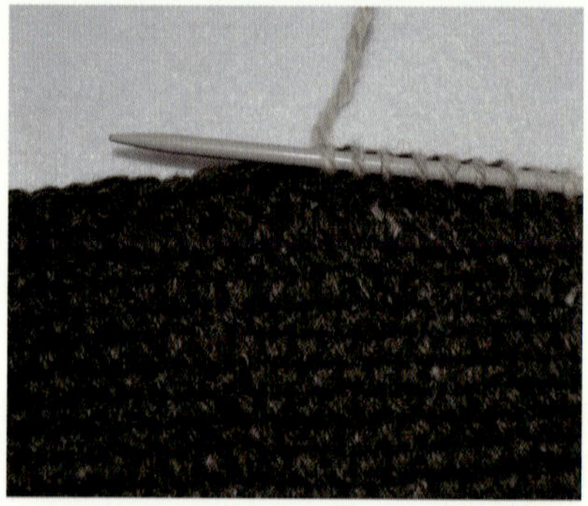

Abb. 10

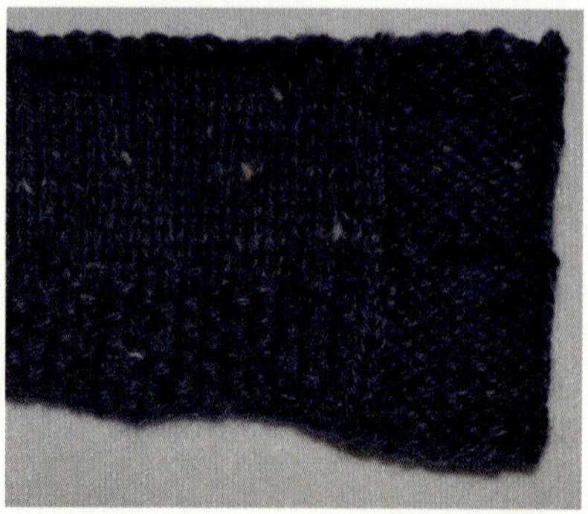

Abb. 7

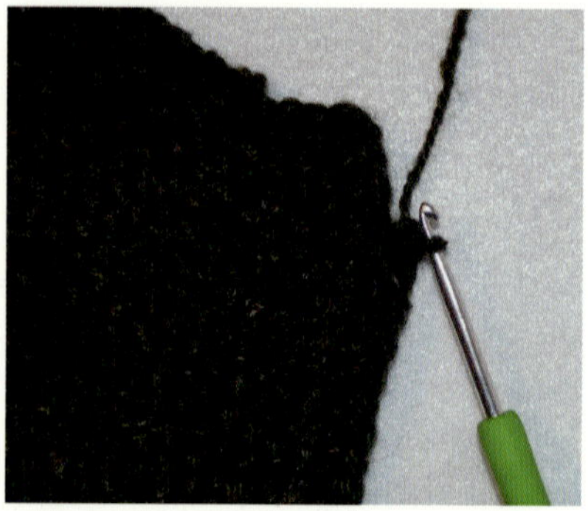

Abb. 8

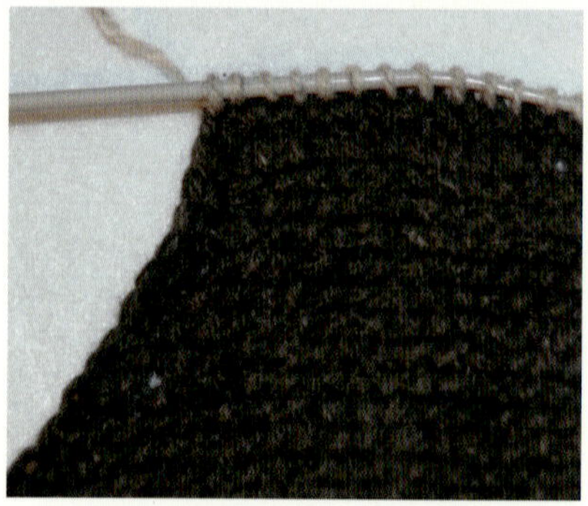

Abb. 11

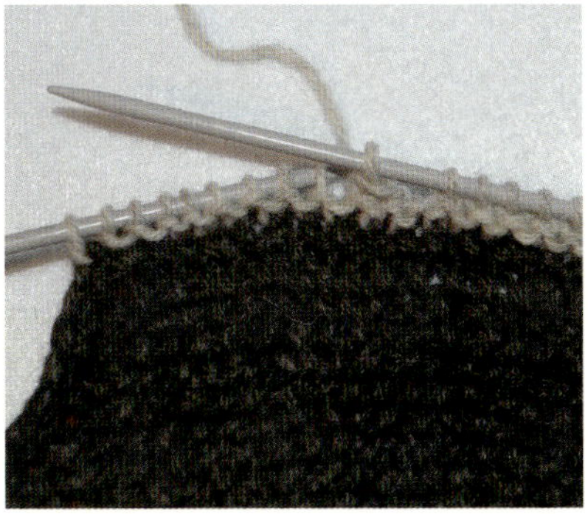

Abb. 12

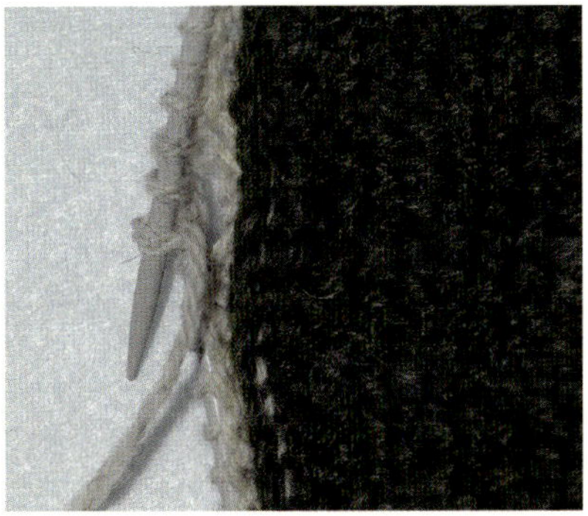

Abb. 13

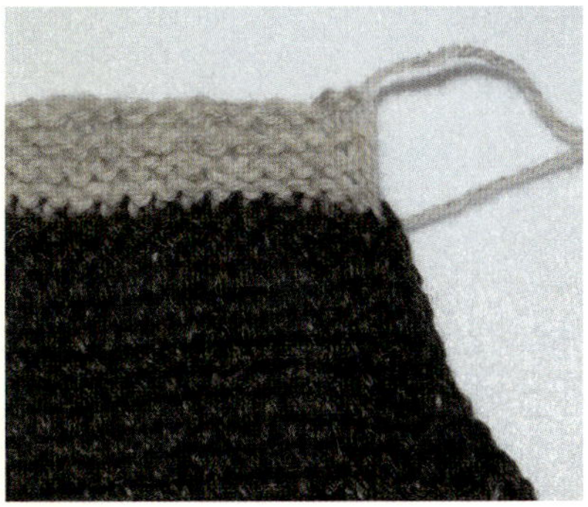

Abb. 14

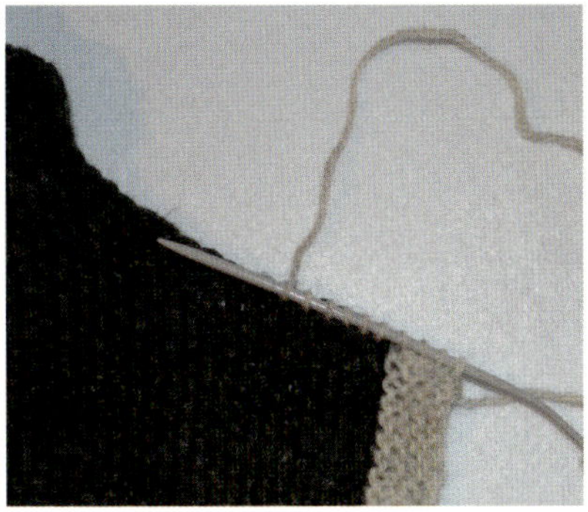

Abb. 15

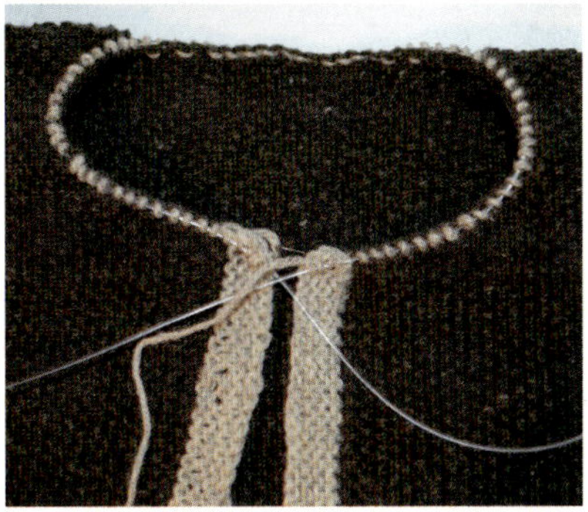

Abb. 16

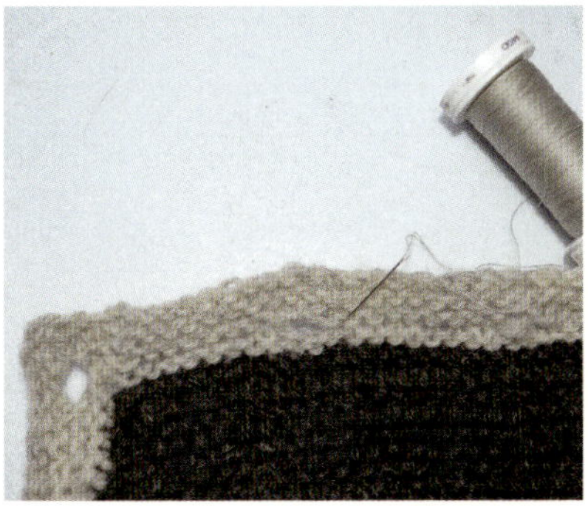

Abb. 17

Variante 5: Angehäkelte Knopflochleiste

Umhäkeln Sie, wie oben angegeben, zuerst die ganze Weste mit der gleichfarbigen Wolle. Erst bei der 2. Reihe mit der Kontrastfarbe beginnen.

Ob Sie zuerst die Knopflochleiste und anschließend den Halsausschnitt häkeln, wie auf diesem Foto, oder gleich alles in einem Stück bleibt ganz Ihnen überlassen. **(Abb. 19)**

Zum Schluss die Knöpfe annähen.

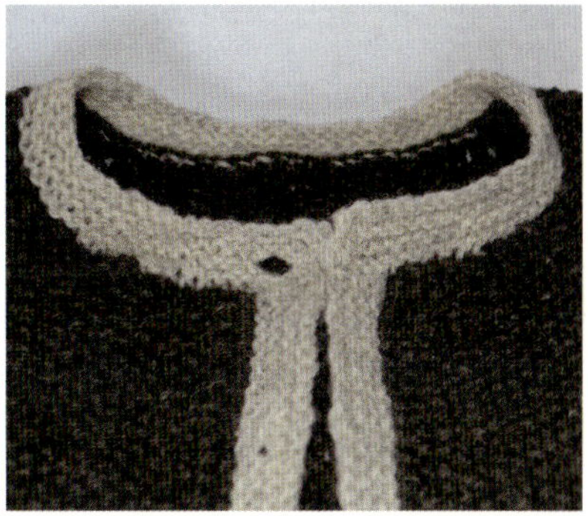

Abb. 18

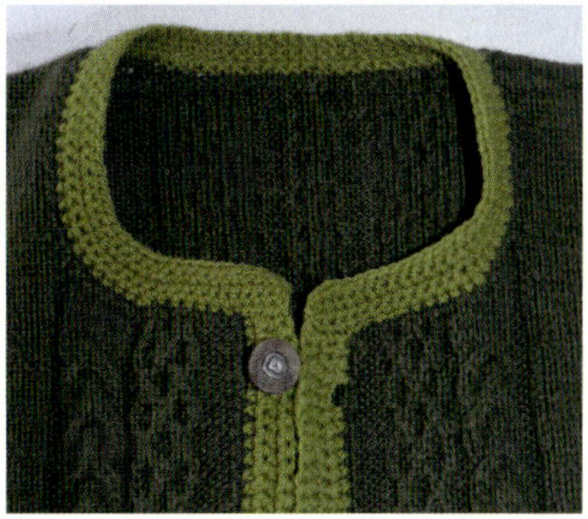

Abb. 19

Maßtabelle für Babys und Kinder

Alter/ Größe cm	6 Mon/ 68 cm	9 Mon/ 74 cm	12 Mon/ 80 cm	18 Mon/ 86 cm	2 Jahre/ 92 cm	3 Jahre/ 98 cm	4 Jahre/ 104 cm	5 Jahre/ 110 cm	6 Jahre/ 116 cm	7Jahre/ 122 cm	8 Jahre/ 128 cm	9Jahre/ 134 cm	10 Jahre/ 140 cm	11 Jahre/ 146 cm	12 Jahre/ 152 cm	13 Jahre/ 158 cm	14 Jahre/ 164 cm	15 Jahre/ 170 cm
Brustumfang cm	50	51	53	55	56	57	58	59	60	62	64	66	68	72	76	80	84	88
Taillen-umfang cm	47	49	50	52	53	54	54	55	56	57	58	60	61	63	65	67	69	71
Hüftumfang	50	52	54	56	58	59	61	63	64	67	69	72	74	78	82	86	90	94
Rückenlänge bis Taille*	18	19	20	21	22	23	25	26	28	29	30	32	33	35	36	38	40	42
Ärmellänge	21	24	26	29	31	34	36	39	41	44	46	49	51	53	55	57	59	60
Halsweite	24	25	26	26	27	27	27	28	29	29	30	30	31	32	33	34	35	36
Woll-verbrauch**	150 g	150 g	200 g	200 g	250 g	300 g	300 g	350 g	350 g	400 g	400 g	400 g	450 g	450 g	500 g	500 g	550 g	550 g

Maßtabelle für Damen

Größe	34	36	38	40	42	44	46	48	50	52	54	56	58	60
Brustumfang cm	80	84	88	92	96	100	104	110	116	122	128	134	140	146
Taillen-umfang cm	62	64	68	72	76	80	85	90	96	104	110	116	122	128
Hüftumfang	87	91	95	99	103	107	111	116	122	127	134	140	146	152
Rückenlänge bis Taille	40	40	41	41	41	42	43	43	44	45	45	46	47	47
Rückenlänge bis Hüfte*	65	65	66	66	67	67	68	68	69	70	70	71	71	71
Ärmellänge	60	60	60	60	60	61	61	62	62	63	63	63	63	63
Halsweite	33	33	34	35	36	37	38	39	40	41	42	43	44	45
Woll-verbrauch**	500 g	500 g	500 g	550 g	600 g	600 g	650 g	700 g	700 g	750 g	800 g	850 g	850 g	900 g

Maßtabelle für Herren

Größe	44	46	48	50	52	54	56	58	60	62
Brustumfang cm	88	92	96	100	104	108	112	116	120	124
Taillen-umfang cm	78	82	86	90	94	98	104	110	116	120
Hüftumfang	94	98	102	106	110	114	118	122	126	130
Rückenlänge bis Taille	47	47	47	48	48	49	49	50	51	52
Rückenlänge bis Hüfte*	67	68	68	69	70	70	70	70	71	72
Ärmellänge	63	63	64	64	64	65	65	66	66	67
Halsweite	37	38	39	40	41	42	43	44	45	46
Woll-verbrauch**	700 g	800 g	800 g	900 g	1000 g	1000 g	1100 g	1100 g	1200 g	1200 g

*Die angegebene Rückenlänge variiert sehr stark und sollte deshalb immer abgemessen werden.

** Die Angaben beziehen sich auf eine einfache Weste, glatt rechts gestrickt, bis zur Hüfte in der Wollstärke 50 g/125 m, Bitte berücksichtigen Sie, dass Zopf- und ähnliche Muster mehr Wolle verbrauchen. Auch beim Häkeln wird um ca. 20 % mehr Wolle verbraucht als beim Stricken.

Schritt für Schritt: den Schnitt abzeichnen

1. Zeichen Sie die Grundlinie 1 = vordere Mitte mit Knopflochleiste
2. Zeichen Sie die Grundlinie 2 = untere Kante
3. Zeichen Sie die Grundlinie 3 = oberer Rand
4. Zeichen Sie die Grundlinie 4 = Seitennaht
5. Messen Sie von der Grundlinie 4 den Halsausschnitt herunter, das Armloch und die Breite von beiden und markieren Sie diese mit einer kleinen strichlierten Linie.
6. Messen Sie an der Armlochlinie die Schulterschräge herab und zeichnen Sie die Schulter ein. Auch die vordere Mitte kann jetzt eingezeichnet werden
7. Zeichnen Sie nun den Halsausschnitt und das Armloch ein.
8. Sollten Sie eine Taillierung wünschen, müssen Sie diese einzeichnen. Die Knopflochleiste mit den Knopflöchern sowie eine Tasche werden jetzt ebenfalls eingezeichnet.
9. Der Rückenteil wird nach dem gleichen System gezeichnet (meist hat nur der Halsausschnitt ein anderes Maß).
10. Um den ganzen Rücken als Schnittteil zu erhalten, falten Sie das Schnittpapier in der rückwärtigen Mitte und pausen dann einfach den 2. Teil durch.

Ärmel

11. Zeichen Sie die Grundlinie 1 mit dem Maß der Ärmellänge und begrenzen diese Linie oben und unten mit der 2. Grundlinie der ½ Breite des Ärmels.
12. Markieren Sie die Armkugelhöhe und die untere Ärmelbreite …
13. … und verbinden Sie diese Punkte.
14. Zeichen Sie nun die Armkugel ein.
15. Falten Sie das Schnittpapier in der rückwärtigen Mitte und pausen dann einfach den 2. Teil durch.

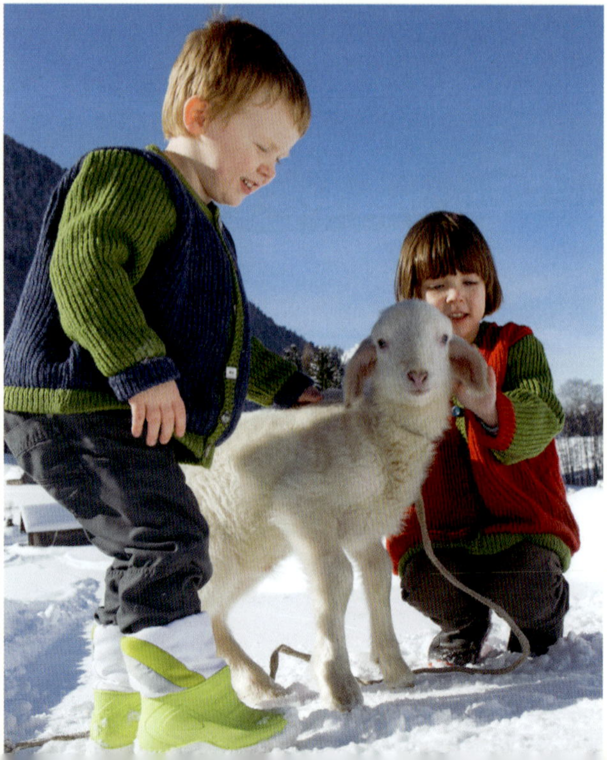

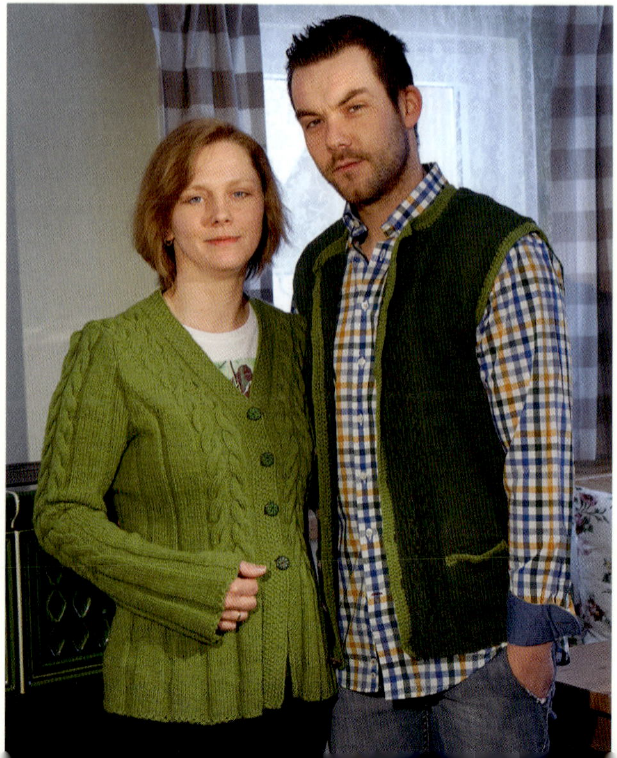

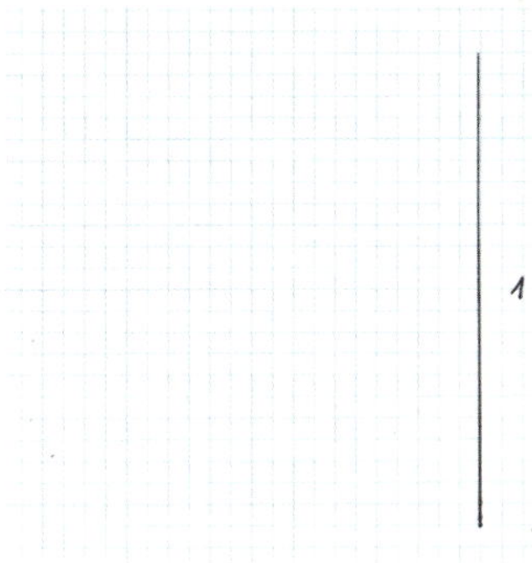

Abb. 1

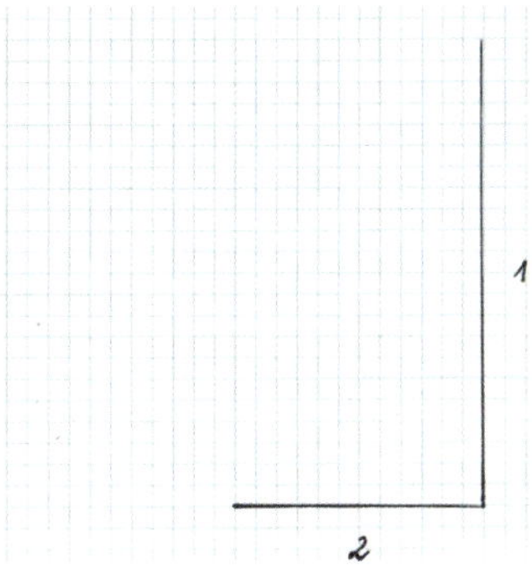

Abb. 2

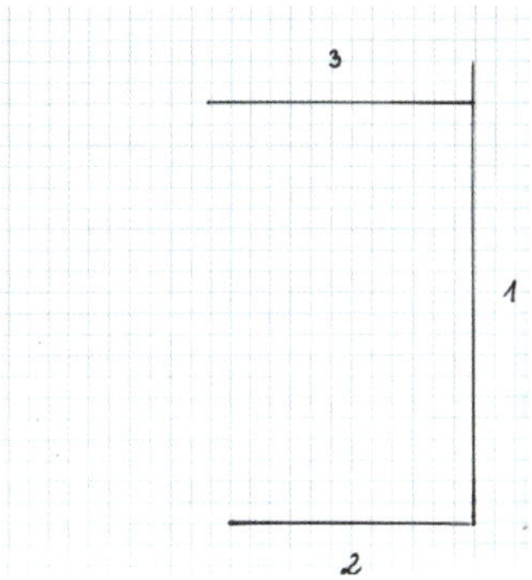

Abb. 3

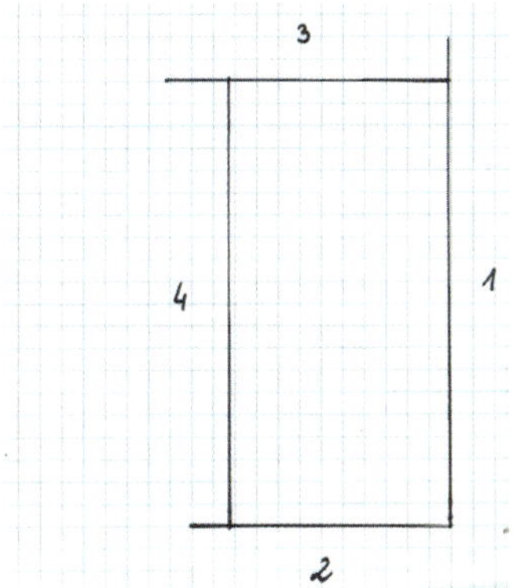

Abb. 4

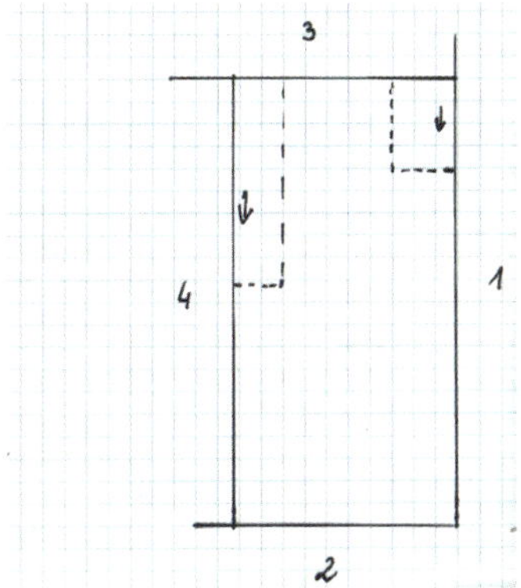

Abb. 5

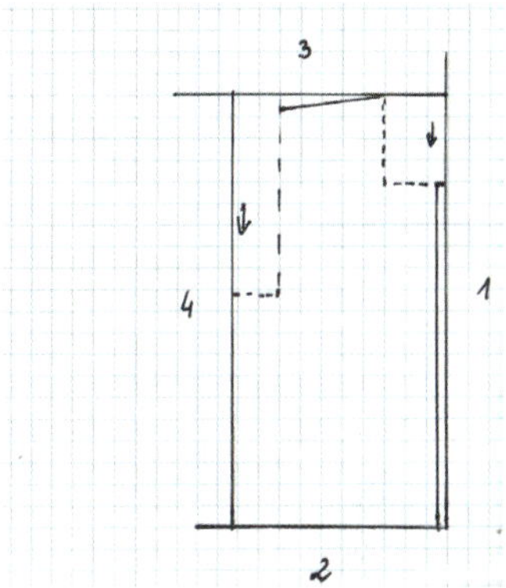

Abb. 6

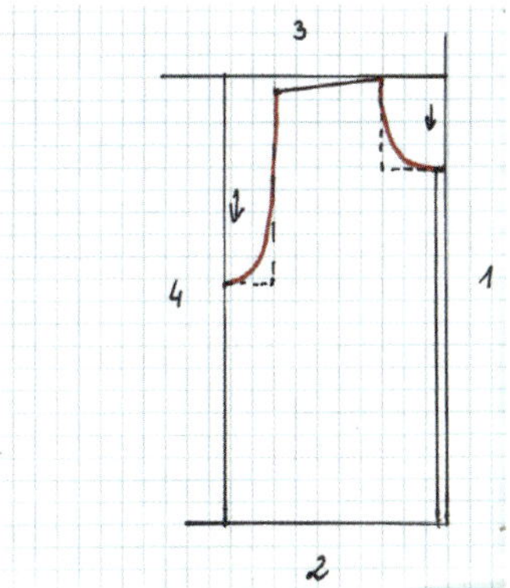

Abb. 7

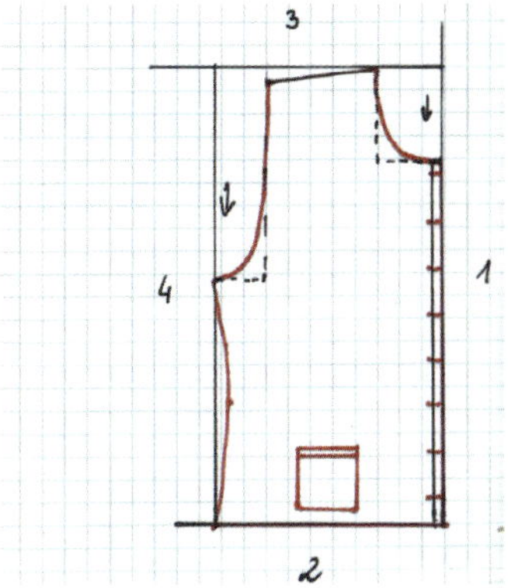

Abb. 8

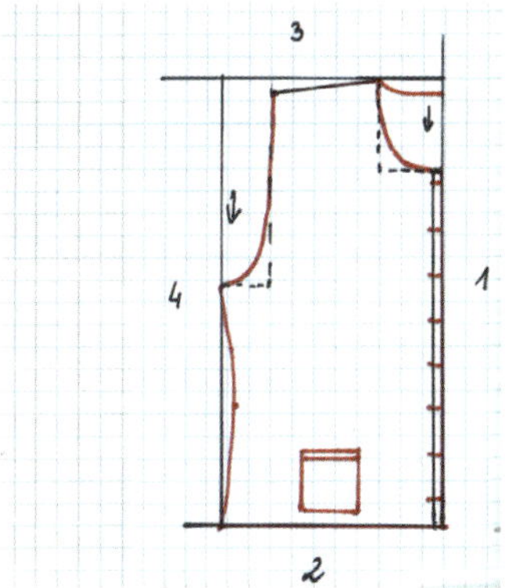

Abb. 9

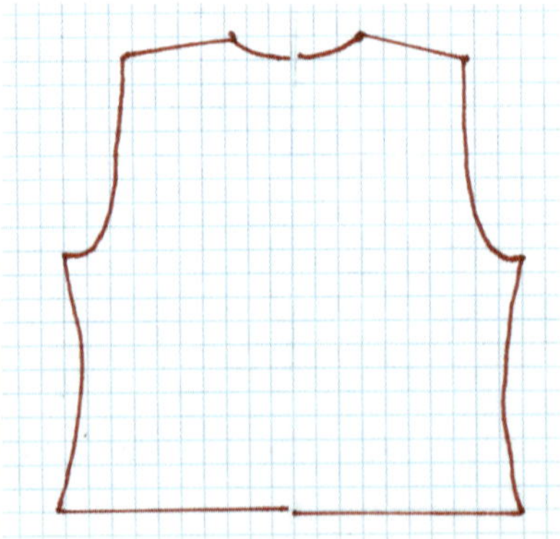

Abb. 10

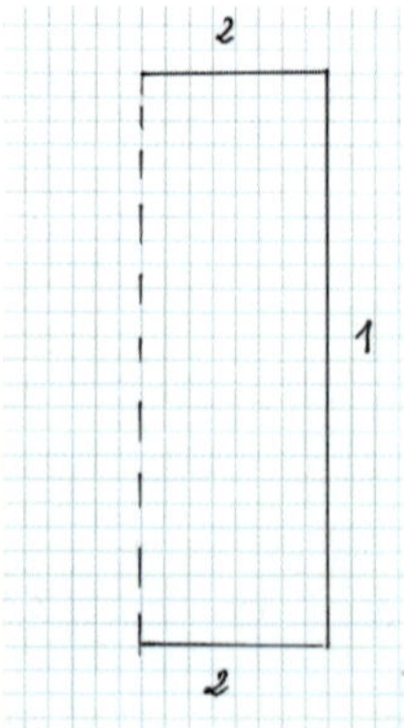

Abb. 11

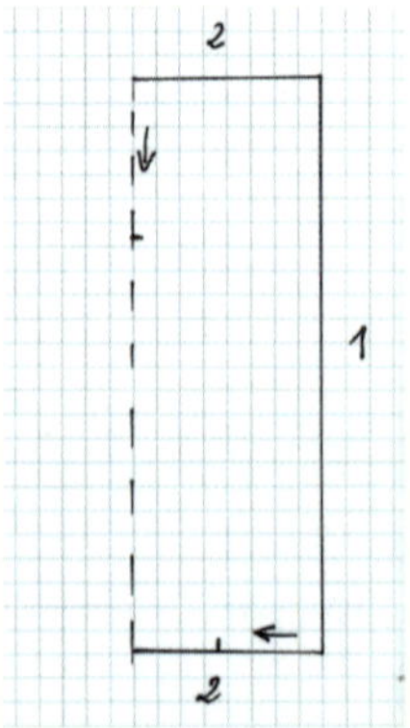

Abb. 12

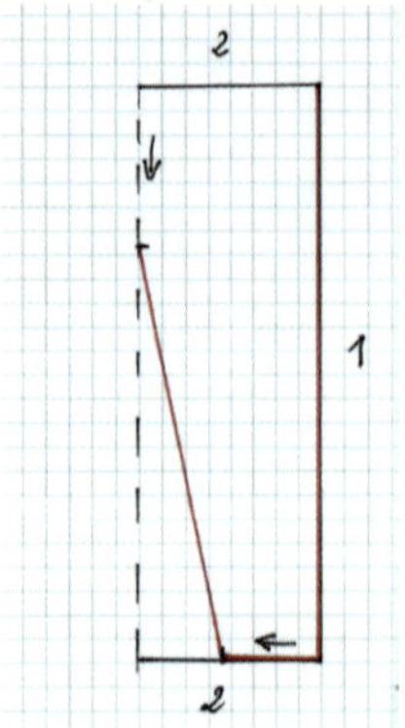

Abb. 13

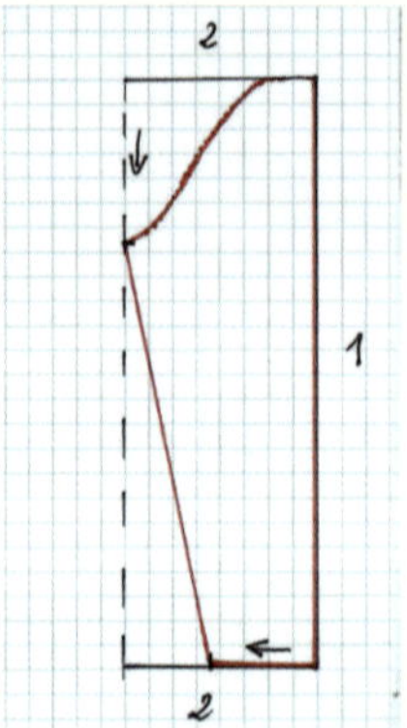

Abb. 14

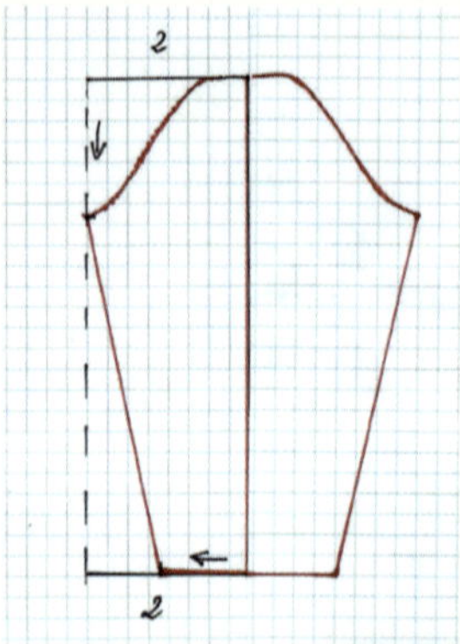

Abb. 15

Maßtabellen für das Zeichnen des Schnittes

Vor Beginn des Zeichnens sollten Sie alle Maße mit Ihren Maßen vergleichen.
In diesen Maßen sind 10 % Bequemlichkeitszuschlag schon enthalten.

Babys und Kinder

Alter/ Größe cm	6 Mon/ 68 cm	9 Mon/ 74 cm	12 Mon/ 80 cm	18 Mon/ 86 cm	2 Jahre/ 92 cm	3 Jahre/ 98 cm	4 Jahre/ 104 cm	5 Jahre/ 110 cm	6 Jahre/ 116 cm	7Jahre/ 122 cm	8 Jahre/ 128 cm	9Jahre/ 134 cm	10 Jahre/ 140 cm	11 Jahre/ 146 cm	12 Jahre/ 152 cm	13 Jahre/ 158 cm	14 Jahre/ 164 cm	15 Jahre/ 170 cm
1 Grundlinie Vordere Mitte	30	31	32	33	34	35	36	37	38	39	40	42	44	46	48	50	52	52
2 +3 Grundlinie (Untere/obere Kante)	14	14	15	16	16	17	18	19	20	21	22	22	23	23	24	24	25	25
4 Grundlinie Seitennaht	16	17	17	18	18	19	20	20	21	22	22	24	25	26	28	29	31	32
5 Halsausschnitt Vorne Höhe/Breite	4 4,5	4 4,5	4,5 5	4,5 5	5 5	5 5	5,5 5,5	5,5 5,5	5,5 5,5	5,5 5,5	6 5,5	6,5 6	6,5 6	7 6,5	7 6,5	7,5 7	7,5 7,5	7,5 7,5
6 Halsausschnitt Rücken Höhe/Breite	- 4,5	- 4,5	- 4,5	- 4,5	- 5	- 5	1 5,5	1 5,5	1 5,5	1,5 5,5	2 5,5	2 6	2 6	2 6,5	2 6,5	2,5 7	2,5 7,5	2,5 7,5
7 Armloch Breite/Höhe	3 14	3 14	3 15	3 15	3,5 16	3,5 16	3,5 16	3,5 17	3,5 17	3,5 17	4 18	4 18	4 19	4 20	4 20	4,5 21	4,5 21	5 22
8 Ärmellänge	21	24	26	29	31	34	36	39	41	44	46	49	51	53	55	57	59	60
9 ½ Ärmelbreite oben	11	11	12	13	13	14	14	15	15	16	16	16	16	16	17	17	18	18
10 ½ Ärmelbreite unten	7	7	8	8	9	9	10	10	10	10	11	11	11	12	12	12	13	13
11 Armkugel Höhe	5	5	6	6	7	8	8	9	9	10	11	11	12	12	13	13	14	15

Damen

Kleidergröße	34	36	38	40	42	44	46	48	50	52	54	56	58	60
1 Grundlinie Vordere Mitte	65	65	66	67	67	68	68	68	70	70	71	72	73	74
2 +3 Grundlinie (Untere/ obere Kante)	18	19	21	23	25	27	29	31	33	35	37	39	40	42
4 Grundlinie Seitennaht	43	43	43	43	43	43	43	43	44	44	44	45	45	45
5 Halsausschnitt Vorne Höhe/Breite	7,5 7	7,5 7	7,5 7	8 7,5	8 7,5	8 7,5	8 8	8 8	8,5 8	8,5 8,5	9 9	10 10	11 11	12 11
6 Halsausschnitt Rücken Höhe/Breite	2 7	2 7	2 7	2 7,5	2 7,5	2 7,5	2 8	2 8	2,5 8	2,5 8,5	2,5 9	3 10	3 11	3 11
7 Armloch Breite/Höhe	5 22	5,5 22	6 23	6 24	6 24	6,5 25	6,5 25	7 25	7 26	7,5 26	7,5 27	8 27	8 28	8,5 29
8 Ärmellänge	60	60	60	60	60	61	61	62	62	63	63	63	63	63
9 ½ Ärmelbreite oben	18	19	19	20	20	21	21	22	22	23	23	24	24	25
10 ½ Ärmelbreite unten	10	10	10	11	11	12	12	13	13	14	14	15	15	16
11 Armkugel Höhe	15	16	16	16	16	17	17	17	17	18	18	18	19	19

Herren

Kleidergröße	44	46	48	50	52	54	56	58	60	62
1 Grundlinie Vordere Mitte	67	68	69	70	71	72	73	74	75	76
2 +3 Grundlinie Untere Kante	25	26	27	28	29	30	31	32	33	34
4 Grundlinie Seitennaht	44	45	45	45	45	45	46	46	47	47
5 Halsausschnitt Vorne Höhe/Breite	10 10,5	10 10,5	10 10,5	10 11	10 11	10 11	11 11	11 12	12 12	12 13
6 Halsausschnitt Rücken Höhe/Breite	2 10,5	2 10,5	2 10,5	2 11	2,5 11	2,5 11	2,5 11	3 12	3 12	3 12
7 Armloch Breite/Höhe	7 23	7,5 23	7,5 24	7,5 25	7,5 26	7,5 27	8 27	8 28	8,5 28	9 29
8 Ärmellänge	63	63	64	64	64	65	65	66	66	67
9 ½ Ärmelbreite oben	20	20	21	22	22	23	23	24	24	25
10 ½ Ärmelbreite unten	14	14	14	15	15	15	16	16	17	17
11 Armkugel Höhe	16	17	17	18	18	19	20	20	21	22